改訂版

大学入試

肘井 学の

ゼロから
英文法

が面白いほどわかる本

スタディサプリ講師
肘井 学

音声ダウンロード付

JN039527

KADOKAWA

＊この本は2018年3月に刊行した『大学入試　肘井学の　ゼロから英文法が面白いほどわかる本　音声ダウンロード付』を内容を再編集した改訂版です。

はじめに〜改訂版発刊にあたって〜

　本書の前身となる『大学入試　肘井学のゼロから英文法が面白いほどわかる本』は、英語学習のはじめの1冊として、おかげさまで多くの読者に読んでいただき、多くの版を重ねることができました。

　一方で、刊行から数年が経過して、本書の内容を**もっと良くできるポイント**もいくつか浮かび上がってきたので、それらを反映させるべく、この度の改訂版を出させていただくことになりました。

　改訂版の最大の特徴は、**口頭チェックテスト**を各章末に設けたことです。これにより、単なる内容理解、問題演習を超えて、学習においてもっとも重要な**知識の定着を図る**ことができます。独学で進める場合は、自分で知識定着を確認し、指導者がいる場合は、指導者に知識定着を口頭で確認してもらうことで、**圧倒的な成績の伸びを実現できる**はずです。

　特徴の2点目として、各章末に**英文法コラム**を追加で設けました。このコラムはすべて、応用英文法の内容です。時と条件の副詞節、命令・要求・提案の that 節などの**一度では理解が難しい内容を、コラムで先に提示しておくことで、英語への興味を刺激して、次の学習がスムーズになる**ように構成しております。

　前作から好評だった、**難解な文法用語の説明、英文法の見取り図、「POINT これを覚える!」**等は引き継がれています。本書を通じて、**内容理解（インプット）⇒問題演習（アウトプット）⇒知識定着（口頭チェックテスト）を徹底**することで、**ゆるぎない英語力**を身につけてください。

肘井　学（ヒジイ　ガク）

本書の特長

❶ 〝難解な文法用語をゼロから説明〟

　英語の初学者にとって、一番頭を悩ますのが難しい文法用語です。本書では、**ゼロからの知識で、文法用語を一つひとつ理解できる**ように工夫しました。各単元の冒頭に、文法用語の説明があります。

❷ 〝英文法の見取り図〟で英語の迷子にならない

　各分野で全体像を示す 〝**英文法の見取り図**〟を用意しました。**常に全体像を意識する**ことで、英語の迷子になる心配がありません。

❸ 何を覚えたらよいかがわかる 〝POINT これを覚える！〟

　各講の最初に 〝**これを覚える**〟という見出しでポイントをまとめました。もう何を覚えたらよいかで悩むことがなくなります。

❹ スラスラ読める簡単な説明＋全ページフルカラー

　読む量が多いのも、初学者を悩ませる要因のひとつです。本書と別冊の解説集では、（**1つの段落につき、5行程度でまとめて**）**簡潔な説明を徹底しました**。さらに、最後まで飽きずに本書をやり終えてもらうために、**全ページフルカラー**の仕様です。

❺ ゼロからわかる英文法ドリル

　まずは、簡単なドリルを解いてから、音声を使って、自分の口で英語を発してみましょう。

❻ 教える人のための口頭チェックテスト

　本書は指導者の方を想定した**口頭チェックテスト**を設けています。章が終わるごとに、その章の知識が定着しているかどうかを生徒に口頭でチェックしてください。独学で勉強を進めている人は、自分で知識の定着をチェックしてみてください。

❼ 英文法コラム

　英文法の面白さを味わってもらうために、章の終わりに**英文法コラム**を設けてあります。〝**英文法のなぜ**〟**がわかる**ことで、どんどん広がっていく英語の世界を楽しんでください。

英文法の見取り図一覧

英文法コラム一覧

本書の使い方

❶ 文法用語の説明に軽く目を通す

「**文法用語の説明から**」に、軽く目を通します。ここでは、本編に入る前に新しい用語に慣れることが目的なので、立ち止まらずに、さっと目を通すだけで構いません。

❷ 英文法の見取り図で、全体像を確認する

常に**全体を把握して、細部を理解して**いくことが最も効率よい勉強方法になります。

❸ "これを覚える"＋日本語の説明を読み進める

"これを覚える"でヴィジュアル的に全体を把握して、下の説明に進みます。**ヴィジュアル×文字の相乗効果**で、理解がどんどん深まります。

❹ ゼロからわかる英文法ドリルを解く

最初は２択または３択式の選択問題から始め、**その知識を生かして**空所補充問題に進みます。

❺ 口頭チェックテストで知識を定着させる

章ごとに、学んできた知識の定着をはかります。指導者がいる場合は指導者に、独学の場合は自分で知識が完璧になるまで何度もテストで確認しましょう。

❻ 音声をダウンロード ＋ 音声付き例文集（別冊）

この「**音声付き例文集**」には英文→和文、和文→英文の順に２パターンの音声を用意しています。会話や話すことに興味のある方、社会人や英語の先生でスピーキングを強化したい方は３講分読み終わるごとに音声を聞いて、発音の確認や口頭での英作文の練習をしてみてください。

音声ダウンロードについて

○音声ファイルは以下からダウンロードして聞くことができます。

https://www.kadokawa.co.jp/product/322210000599

ユーザー名：zero-eigo
パスワード：kaitei-1208

○上記ウェブサイトにはパソコンからアクセスしてください。音声ファイルは携帯電話、スマートフォン、タブレット端末などからはダウンロードできないので、ご注意ください。

○スマートフォンに対応した再生方法もご用意しています。詳細は上記URLへアクセスの上、ご確認ください。

○音声ファイルはMP3形式です。パソコンに保存して、パソコンで再生するか、携帯音楽プレーヤーに取り込んでご使用ください。また、再生方法などについては、各メーカーのオフィシャルサイトなどをご参照ください。

○このサービスは、予告なく終了する場合があります。あらかじめご留意ください。

もくじ

もくじ

第0章

中学の総復習

中学の英文法の復習

📍 文法用語の説明から

用 語		解 説

品詞（ひんし）

英単語をその役割に応じて分類したもの。
名詞、動詞、形容詞など。

be 動詞（びーどうし）

動詞の分類で、be 動詞と一般動詞に分けたうちのひとつ。is, am, are などをまとめて be 動詞という。

一般動詞（いっぱんどうし）

be 動詞以外の動詞。
like「好きだ」、sing「歌う」、run「走る」など。

規則動詞（きそくどうし）

原形に ed を付けて過去形・過去分詞形にする動詞。
play-played-played などの変化をする動詞。

不規則動詞（ふきそくどうし）

不規則に変化して過去形・過去分詞形を作る動詞。
come-came-come などの変化をする動詞。

人称（にんしょう）

話す人・聞く人・それ以外で分類する呼び方。
話し手が 1 人称、聞き手が 2 人称、それ以外が 3 人称。

1 人称（いちにんしょう）

話す人で、I「私は」、we「私たちは」のこと。

本編に入る前に、まず文法用語について確認しておきましょう。

| 用　語 | ： | 解　説 |

2人称（に にんしょう）

聞く人で、you「あなたは」、「あなたたちは」のこと。

3人称（さん にんしょう）

話す人（I、we）と聞く人（you）以外の人。
he「彼は」、it「それは」、Mike「マイク」など。

3単現の s（さん たんげん／えす）

主語が**3人称・単数**、時制が**現在**なら、動詞に **s（es）** を付けるルール。

肯定文（こうていぶん）

否定文の反対で、事実や起きたことを認める文。
I am a teacher.「私は教師です」などの文。

命令文（めいれいぶん）

「〜しなさい」と相手に命令する文。
Do it at once.「すぐにそれをやりなさい」などの文。

感嘆文（かんたんぶん）

驚きを表す文。What a beautiful scene it is!「それは
なんて美しい景色なんだ！」などの文。

間接疑問文（かんせつ ぎ もんぶん）

疑問文を目的語や主語で使う用法。
I don't know **why she is crying.**「私は**なぜ彼女が
泣いているのか**わからない」などの文。

中学の英文法の復習

英文法の見取り図1　中学の英文法の総復習

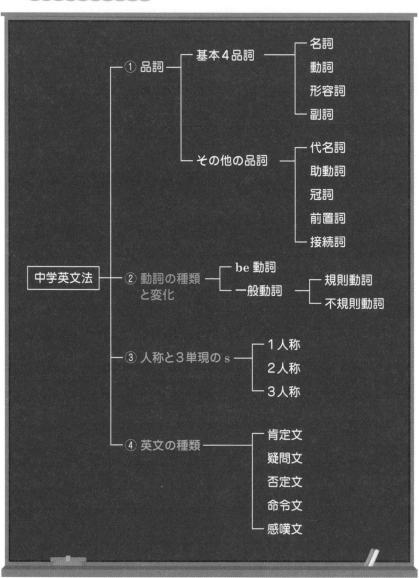

中学英文法

① 品詞
- 基本4品詞
  - 名詞
  - 動詞
  - 形容詞
  - 副詞
- その他の品詞
  - 代名詞
  - 助動詞
  - 冠詞
  - 前置詞
  - 接続詞

② 動詞の種類と変化
- be 動詞
- 一般動詞
  - 規則動詞
  - 不規則動詞

③ 人称と3単現の s
- 1人称
- 2人称
- 3人称

④ 英文の種類
- 肯定文
- 疑問文
- 否定文
- 命令文
- 感嘆文

本書での中学英文法の総復習は、大きく4つの分野に分けて学習します。最初が、① 品詞についてです。**名詞・動詞・形容詞・副詞の基本4品詞**と、**代名詞・助動詞・冠詞・前置詞・接続詞**などのそれ以外の品詞をおさえます。

　続いて、② 動詞の種類と変化について学びます。動詞の種類として、**be動詞と一般動詞の区別**を学びます。動詞を am、are、is とそれ以外で区別します。

　さらに、一般動詞を**規則動詞**、**不規則動詞**に分類します。**規則動詞**は、原形に ed（d）を付けるだけで、過去形、過去分詞形になるものです。enjoy-enjoyed-enjoyed のような変化をする動詞です。一方で、**不規則動詞**は、原形－過去形－過去分詞形の変化が不規則なものを指します。bring-brought-brought のような変化をする動詞です。

　次に、③ 人称と3単現の s を学習します。人称とは、**I、we を表す1人称**、**you を表す2人称**、それ以外の he や she などの**3人称**です。**3単現の s** は、主語が3人称・単数で、現在時制の時に動詞に s（es）を付けるというルールです。He often **plays** soccer. 「彼はよくサッカーをする」のように、主語が3人称・単数で、現在時制のときは、**plays** とします。

　最後に、④ 英文の種類です。事実などを伝える**肯定文**、相手に質問をする**疑問文**、not などを使って事実をそうではないと伝える**否定文**、相手に「〜しなさい」と命令する**命令文**、そして驚きを示す**感嘆文**です。

　高校英文法の入り口として、この4つの分野を復習することが、必ずや高校分野の理解に生きてきます。しっかりと学んでいきましょう。

第1講 基本4品詞

POINT　これを覚える!

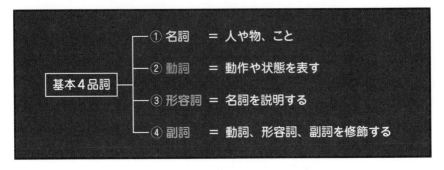

まずおさえるべきは、**基本4品詞(名詞、動詞、形容詞、副詞)**です。

① 名詞

Mikeなどの**人の名前**、car「車」などの**物**、love「愛情」などの**こと**です。

② 動詞

動作を表すもの(run「走る」、speak「話す」、walk「歩く」など)と、**状態を表すもの**(live「住んでいる」、know「知っている」、have「持っている」)があります。

③ 形容詞

名詞を説明します。young「若い」、big「大きい」、blue「青い」などです。英語では、説明することを「**修飾する**」といいます。例えば、a **big** house「大きな家」は、bigがhouseを**修飾する**といいます。

④ 副詞

動詞、形容詞、副詞などを修飾します。**名詞以外を修飾する**ともいいます。always「いつも」、really「本当に」、actually「実際に」などです。例えば、It is **really** hot.「本当に暑い」では、副詞のreallyが形容詞のhotを修飾しています。

次の単語を、基本4品詞（① 名詞、② 動詞、③ 形容詞、④ 副詞）の4つに分けてみましょう。空所に①～④の番号を入れてください。

1 cute「かわいい」　　　⇒　（　　　）

2 house「家」　　　　　⇒　（　　　）

3 drink「飲む」　　　　⇒　（　　　）

4 coffee「コーヒー」　　⇒　（　　　）

5 hot「暑い」　　　　　⇒　（　　　）

6 really「本当に」　　　⇒　（　　　）

7 river「川」　　　　　⇒　（　　　）

8 large「大きい」　　　⇒　（　　　）

9 water「水」　　　　　⇒　（　　　）

10 always「いつも」　　⇒　（　　　）

解答は別冊002ページ

第**2**講 その他の品詞

POINT　これを覚える!

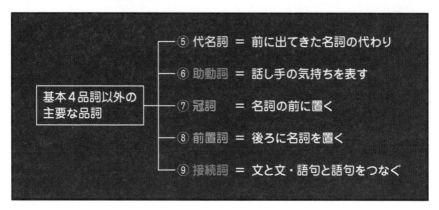

基本4品詞以外の主要な品詞
- ⑤ 代名詞　= 前に出てきた名詞の代わり
- ⑥ 助動詞　= 話し手の気持ちを表す
- ⑦ 冠詞　= 名詞の前に置く
- ⑧ 前置詞　= 後ろに名詞を置く
- ⑨ 接続詞　= 文と文・語句と語句をつなぐ

⑤ 代名詞

　前に出てきた名詞の代わりです。物を指す this「これ」、that「あれ」のことです。人を指す I「私は」、you「あなたは」、he「彼は」も代名詞です。

⑥ 助動詞

　can「～できる」、may「～かもしれない」、should「～すべきだ」などのことです。**動詞に、話し手の気持ちを加える働き**です。

⑦ 冠詞

　a、an、the のことです。**the** town「その町」のように、**名詞の前に置いて使います**。

⑧ 前置詞

　at、on、in などです。**in** the town「その町で」のように、**後ろに名詞を置いて使います**。

⑨ 接続詞

　though、if、when や and、but、or などです。**If** it is fine tomorrow, we will go on a picnic.「明日晴れたら、私たちはピクニックに行こう」のように**文と文をつなぎます**。または、coffee **or** tea のように、**単語と単語をつなぎます**。

練習問題　ゼロからわかる英文法ドリル

次の単語を、品詞（⑤ 代名詞、⑥ 助動詞、⑦ 冠詞、⑧ 前置詞、⑨ 接続詞）に分けてみましょう。空所に⑤〜⑨の番号を入れてください。

1 will「〜するつもりだ」　⇒　（　　　）

2 she「彼女は」　⇒　（　　　）

3 the「その」　⇒　（　　　）

4 in「〜の中で」　⇒　（　　　）

5 though「〜だけれども」　⇒　（　　　）

6 a「1つの」　⇒　（　　　）

7 him「彼を」　⇒　（　　　）

8 if「もし〜なら」　⇒　（　　　）

9 on「〜の上で」　⇒　（　　　）

10 should「〜すべきだ」　⇒　（　　　）

解答は別冊002ページ

第3講 be 動詞と一般動詞

POINT これを覚える！

動詞を **be 動詞**（am, are, is など）と、それ以外の**一般動詞**で分類します。

① **be 動詞**は、主語によって形が変化します。**I** のときは **am**、**you** のときは **are**、主語が **I** と **you** 以外で単数の時（**he, she, it など**）は **is** になります。主語が複数の時（**they, the books など**）は **are** になります。**am**、**is** は過去形では **was** になります。**are** は過去形では **were** になります。

主語と be 動詞の変化・be 動詞の過去形

主語	現在形		過去形
I	am	⇒	was
you, we, they など	are	⇒	were
he, she, it, Mike など	is	⇒	was

be 動詞の意味は、①「〜がある」、②「〜だ」の2つがあります。①は**何かの存在**を表し、②は**主語と be 動詞の後ろをイコールの関係で結びます**。例えば、I am in the office now.「私は今、オフィスにいる」は**存在**を表し、I am a doctor.「私は医者です」は **I** と **a doctor** をイコールの関係で結びます。

② **一般動詞**は、be 動詞以外のすべての動詞を指します。like「好きだ」、play「遊ぶ」、study「勉強する」などをまとめて一般動詞といいます。

日本文に合うように、空所に入る適切な語の番号を選びなさい。

1 私は学生です。
⇒ I （　　） a student.
① are　　② am

2 あなたは背がとても高い。
⇒ You （　　） very tall.
① are　　② am

3 彼女はとても若い。
⇒ She （　　） very young.
① are　　② is

　日本文に合うように、空所に与えられた文字から始まる適切な英単語を書きなさい。

4 私は昨日駅の近くにいた。
⇒ I （ **w**　　　　） near the station yesterday.

5 彼は昨日病気で、寝ていた。
⇒ He （ **w**　　　　） sick in bed yesterday.

6 あなたはその時とても幸せだった。
⇒ You （ **w**　　　　） very happy at that time.

解答は別冊002ページ

第4講 規則動詞の変化

POINT　これを覚える！

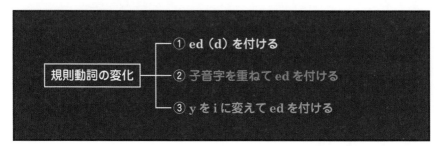

	原形	過去形	過去分詞形
①	play	**played**	**played**
②	stop	**stopped**	**stopped**
③	study	**studied**	**studied**

　一般動詞には、**規則動詞**と**不規則動詞**という区別があります。規則動詞は、原形に ed を付けるだけで過去形、過去分詞形になります。例えば、play-played-played のように変化します。

　規則動詞は、大きく3つに分かれて、① **ed（d）を動詞の後ろに付けるもの**、② **子音字を重ねて ed を付けるもの**、③ **y を i に変えて ed を付けるもの**です。

　①は ed を付けるだけです。**like や use のように e で終わる動詞**は、**d を付けて、like-liked-liked、use-used-used** となります。

　②は stop のように、**最後の子音字である p を重ねて ed** を付けます。**stop-stopped-stopped** と変化します。他にも、drop は **drop-dropped-dropped** と変化します。

　③は study のように **y を i に変えて ed** を付けます。**study-studied-studied** と変化します。他にも **try-tried-tried** や **carry-carried-carried** と変化します。

日本文に合うように、空所に入る適切な語の番号を選びなさい。

1 彼女は昨日、テニスをした。
⇒ She（　　）tennis yesterday.
① played　　　② playd

2 その車は、私の家の前で止まった。
⇒ The car（　　）in front of my house.
① stoped　　　② stopped

3 私は若いとき、英語を勉強していた。
⇒ I（　　）English when I was young.
① studied　　　② studyed

　日本文に合うように、空所に与えられた文字から始まる適切な英単語を書きなさい。

4 私はその袋を開けるのにハサミを使った。
⇒ I（ **u**　　　　　）scissors to open the bag.

5 本が突然棚から落ちた。
⇒ The book suddenly（ **d**　　　　　）off the shelf.

6 私はベッドで起き上がろうとした。
⇒ I（ **t**　　　　　）to sit up in my bed.

解答は別冊003ページ

第5講 不規則動詞の変化

POINT これを覚える！

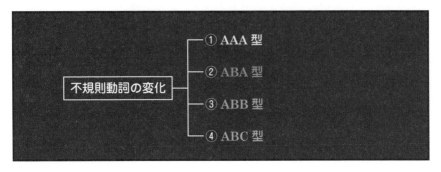

	原形	過去形	過去分詞形
①	cut	cut	cut
②	come	came	come
③	bring	brought	brought
④	sing	sang	sung

不規則動詞には、4つのグループがあります。

① **AAA 型**は、原形・過去形・過去分詞形がすべて同じです。② **ABA 型**は、原形と過去分詞形が同じ、③ **ABB 型**は過去形と過去分詞形が同じ、④ **ABC 型**は、原形・過去形・過去分詞形がすべて異なります。

①は、**cut-cut-cut**、**let-let-let**、**set-set-set** などがあります。②は、**come-came-come**、**become-became-become** などがあります。

③は、**bring-brought-brought** や、**teach-taught-taught** と、語尾が **ought** や **aught** に変化するものがあります。

④は、**sing-sang-sung** のように**真ん中の母音が i-a-u と変化するもの**、**know-knew-known** と **ew-own と変化するもの**があります。詳しくは、266 ～ 267ページに不規則動詞一覧表を載せましたので、ご覧ください。

　ゼロからわかる英文法ドリル

日本文に合うように、空所に入る適切な語の番号を選びなさい。

1 私はナイフで布を切った。
　　⇒ I （　　　） the cloth with a knife.
　　① cut　　　　　② cutted

2 彼は医者になった。
　　⇒ He （　　　） a doctor.
　　① become　　　② became

3 私は彼女の誕生日パーティーに、プレゼントを持ってきた。
　　⇒ I （　　　） a present for her birthday party.
　　① bring　　　　② brought

　　日本文に合うように、空所に与えられた文字から始まる適切な英単語を書きなさい。

4 彼は夜遅くに帰宅した。
　　⇒ He （ **c**　　　　） home late at night.

5 私は若い頃、英語を教えていた。
　　⇒ I （ **t**　　　　） English when I was young.

6 私はその時、真実を知っていた。
　　⇒ I （ **k**　　　　） the truth then.

解答は別冊003ページ

第6講 人称と3単現のs

単 数		
1人称	2人称	3人称
I	you	I と you 以外

基本例文

① **I play soccer every day.**　　私は毎日サッカーをする。
② **You play soccer every day.**　あなたは毎日サッカーをする。
③ **He plays soccer every day.**　彼は毎日サッカーをする。

　人称は、会話で話す人、聞く人、それ以外を区別する分類のことです。例えば、① **会話で話す人は I で1人称**といいます。続いて、② **会話で聞く相手は you で2人称**です。③ **I と you 以外の he や she を3人称**といいます。

　例文①は、主語が**1人称の I** なので、動詞は通常どおり play とします。例文②も、主語が**2人称の you** なので、動詞は通常どおり play です。例文③だけ**3単現の s** という特別ルールが適用されます。

　3単現の s は、主語が**3人称**で**単数**、かつ**現在時制**のときに、**動詞に s(es)を付ける**というルールです。例文③は、主語が3人称の he で、単数です。そして、現在時制なので、3単現の s というルールが適用されて、動詞の play に s を付けた plays を使います。

日本文に合うように、空所に入る適切な語の番号を選びなさい。

1 彼女は福岡で暮らしている。

　⇒ She（　　　）in Fukuoka.

　　① live　　　② lives

2 彼は毎朝走る。

　⇒ He（　　　）every morning.

　　① run　　　② runs

3 私は毎朝ネットでニュースを見る。

　⇒ I（　　　）the news online every morning.

　　① read　　　② reads

日本文に合うように、空所に与えられた文字から始まる適切な英単語を書きなさい。

4 彼女は歌がとても上手だ。

　⇒ She（ **s**　　　　）very well.

5 彼はときどき英語を勉強する。

　⇒ He sometimes（ **s**　　　　）English.

6 あなたはとても熱心に仕事をする。

　⇒ You（ **w**　　　　）very hard.

解答は別冊003ページ

英文の種類

英文法の見取り図２　英文の種類①

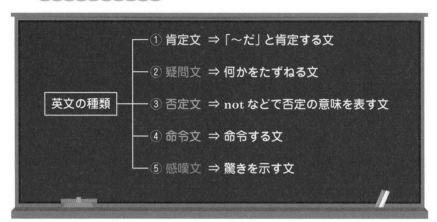

英文の種類
- ① 肯定文 ⇒「〜だ」と肯定する文
- ② 疑問文 ⇒ 何かをたずねる文
- ③ 否定文 ⇒ not などで否定の意味を表す文
- ④ 命令文 ⇒ 命令する文
- ⑤ 感嘆文 ⇒ 驚きを示す文

✎基本例文

①	My name is Takashi.	私の名前はタカシです。
②	Are you happy?	あなたは幸せですか？
③	I am not Chinese.	私は中国人ではありません。
④	Do it at once.	すぐにそれをやりなさい。
⑤	What a beautiful scene it is!	それはなんて美しい景色だ！

　① **肯定文**は、I live in Tokyo. My name is Takashi. のように、「〜だ」と事実を肯定する、英文の一番基本のパターンです。

　② **疑問文**は、Are you happy?「あなたは幸せですか？」と**SV**を逆にするなどして、**？（クエスチョンマーク）**を最後に付けて質問するものです。

　③ **否定文**は、I am **not** Chinese.「私は中国人ではありません」と**not**などを用いて、「〜ではない」と否定する文です。

　④ **命令文**は、Do it at once.「すぐにそれをやりなさい」と**動詞の原形（動詞を変化させない形）**を文頭に置いて、「〜しなさい」と命令する文です。

　⑤ **感嘆文**は、**what** や **how** を用いて What a beautiful scene it is!「それはなんて美しい景色だ！」のように、**驚きを表す文**です。

英文法の見取り図3　疑問文の種類

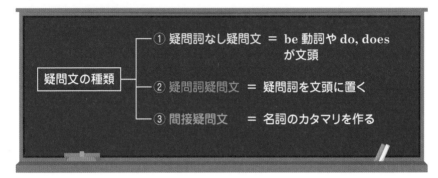

英語の疑問文には、大きく分けて3種類あります。① **疑問詞なし疑問文**、② **疑問詞疑問文**、③ **間接疑問文**です。

①の**疑問詞なし疑問文**は、Are you happy? 「あなたは幸せですか？」や、Do you like her? 「あなたは彼女が好きですか？」といった Yes/No で答えられる疑問文です。その中でも、**be 動詞の疑問文**、**一般動詞の疑問文**、**助動詞の疑問文**があります。

続いて② **疑問詞疑問文**です。疑問詞は、**who**「誰」、**which**「どれ」、**what**「何」、**when**「いつ」、**where**「どこで」、**why**「なぜ」、**how**「どのように」です。例えば、**What** do you want? 「あなたは何がほしいですか？」、**Who** are you? 「あなたは誰ですか？」、**Where** are you from? 「あなたはどこの出身ですか？」などです。

最後が③の**間接疑問文**です。What do you want? という疑問詞疑問文が、文の中の目的語などに組み込まれます。例えば、I don't know **what you want**. 「私はあなたが何をほしいのかがわからない」のように使います。**間接疑問文**では、**倒置（S と V を逆にすること）が起こらずに**、what you want と**通常の語順になる**ことをおさえておきましょう。

POINT これを覚える！

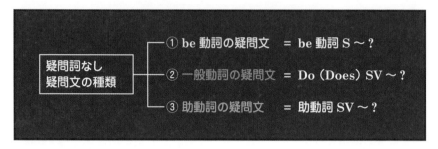

━ 基本例文 ━

① **Are you happy?** ／ **Is she happy?** ／ Am I pretty?
② **Do you play soccer?** ／ **Does she play** soccer?
③ **Can you**（he ／ I）play soccer?

疑問詞なし疑問文は、3つに分類されます。① **be 動詞の疑問文**、② **一般動詞の疑問文**、③ **助動詞の疑問文**です。

① **be 動詞の疑問文**は、be 動詞とSを倒置する（逆にする）だけです。例文①のように、You are happy. を **Are you** happy? とします。過去形なら、**Were you** happy? や **Was she** happy? とします。

② **一般動詞の疑問文**は、主語が **you** や **I** なら **Do you（I）〜?**、主語が **she** や **he** なら **Does he（she）〜?** とします。過去形なら、**Did you（I／she）〜?** とします。〜は、動詞の原形です。

例えば、She **plays** soccer. を疑問文にすると、例文②のように、Does she **play** soccer?となります。**plays** は play と原形にします。She **played** tennis. も、Did she **play** tennis? と動詞を原形にします。

③ **助動詞の疑問文**は、助動詞の後ろにSVを置きます。You can play soccer. なら、例文③のように、**Can you play** soccer? とします。

日本文に合うように、空所に入る適切な語句の番号を選びなさい。

1 あなたは学生ですか？
⇒（　　　　）a student?
① Am you　　② Are you

2 あなたはテニスをしますか？
⇒（　　　）play tennis?
① Do you　　② Are you

3 あなたは野球ができますか？
⇒（　　　）play baseball?
① Are you　　② Can you

　日本文に合うように、空所に与えられた文字から始まる適切な英単語を書きなさい。

4 彼は怒っていましたか？
⇒（ **W**　　　　）（ **h**　　　　）angry?

5 あなたはそのニュースを聞きましたか？
⇒（ **D**　　　）（ **y**　　　　）（ **h**　　　　）the news?

6 お名前を教えていただけますか？
⇒（ **M**　　　　）I have your name?

解答は別冊004ページ

POINT これを覚える！

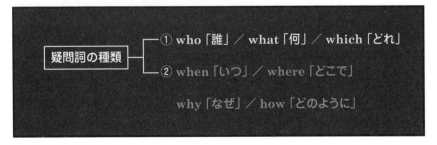

疑問詞の種類
① who「誰」／ what「何」／ which「どれ」
② when「いつ」／ where「どこで」
why「なぜ」／ how「どのように」

基本例文

① **Who is she?** 　　　彼女は誰ですか？
② **Where are you from?** 　あなたはどこの出身ですか？

　疑問詞を使う疑問文は、**疑問詞を先頭に出して**、**後ろは疑問詞なしの疑問文と同じパターン**です。①が、**疑問代名詞**（**who**「誰」、**what**「何」、**which**「どれ」）です。疑問詞を名詞のように使います。

　例文①では、**who** を先頭に出して、**後ろを倒置**（**SV を逆に**）させて、**Who is she?**「彼女は**誰**ですか？」とします。 他にも、**What（Which）** do you want?「あなたは**何（どれ）**がほしいのですか？」とします。

　続いて、② **疑問副詞**（**when**「いつ」、**where**「どこで」、**why**「なぜ」、**how**「どのように」）です。例文② **Where** are you from?「あなたは**どこの**出身ですか？」のように、場所などをたずねます。

　他にも、**When** did you come home?「あなたは**いつ**家に帰ったのですか？」と時をたずねる表現、**Why** are you so happy?「あなたは**なぜ**そんなに幸せなのですか？」と理由をたずねる表現があります。そして、**How** did you get here?「あなたは**どうやって**ここに来たのですか？」と手段をたずねる表現もあります。

日本文に合うように、空所に入る適切な語の番号を選びなさい。

1 あなたは誰ですか？
　⇒（　　　）are you?
　　① Who　　　② When

2 あなたはいつ日本を出発したのですか？
　⇒（　　　）did you leave Japan?
　　① When　　　② Where

3 あなたはどうやってここに来たのですか？
　⇒（　　　）did you get here?
　　① Why　　　② How

　日本文に合うように、空所に与えられた文字から始まる適切な英単語を書きなさい。

4 あなたは何を食べたいのですか？
　⇒（ **W** 　　　　）do you want to eat?

5 彼女はなぜあんなに怒っているのですか？
　⇒（ **W** 　　　　）is she so angry?

6 調子はどうですか？
　⇒（ **H** 　　　）（ **a** 　　　　）you?

解答は別冊004ページ

POINT これを覚える！

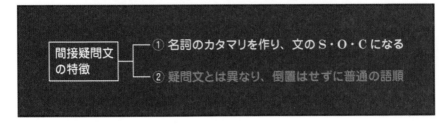

― ✎ 基本例文 ―

① I don't know **when he will be back.**
私は彼がいつ戻ってくるかわからない。

② I want to know **where you are from.**
私はあなたがどこの出身か知りたい。

　間接疑問文は、？（クエスチョンマーク）を文の終わりに付けません。直接的な疑問文ではなく、**疑問文を英文の主語や目的語に組み込む**ものです。

　間接疑問文の特徴①は、上の例文のように、**名詞のカタマリを作って文の目的語や主語などで使う**ことです。例文①は、know の大きな目的語で、「彼がいつ戻ってくるか」となります。

　続いて、**間接疑問文**は、普通の疑問文とは異なり、② **倒置させずに、普通の語順**にします。例えば、**Where** are you from?「あなたはどこの出身ですか？」を間接疑問文にすると、I want to know **where you are from.**「私はあなたがどこの出身か知りたい」となります。

　普通の疑問文では、Where の後ろは **are you** と倒置しますが、**間接疑問文**では、where の後ろは **you are** となり、**倒置しません**。

練習問題　ゼロからわかる英文法ドリル

日本文に合うように、空所に入る適切な語（句）の番号を選びなさい。

1 私はあなたがどこの出身か知らない。
⇒ I don't know（　　　）you are from.
①　where　　　　　　　　　　②　when

2 私はあなたがいつ東京を出発するのか知りたい。
⇒ I want to know（　　　）Tokyo.
①　when are you going to leave　　②　when you are going to leave

3 あなたが何を買ったかに興味がある。
⇒ I'm interested in（　　　）.
①　what you bought　　　　　　②　what did you buy

　日本文に合うように、空所に与えられた文字から始まる適切な英単語を書きなさい。

4 なぜあなたが怒っているのか教えてください。
⇒ Please tell me（**w**　　　）（**y**　　　）（**a**　　　）（**a**　　　）.

5 あなたがどこに住んでいるかを知りたい。
⇒ I want to know（**w**　　　）（**y**　　　）（**l**　　　）.

6 あなたがなぜ幸せなのかに興味がある。
⇒ I'm interested in（**w**　　　）（**y**　　　）（**a**　　　）（**h**　　　）.

解答は別冊004ページ

POINT これを覚える！

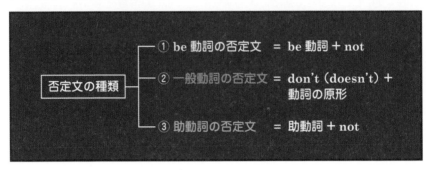

✎ 基本例文

① I am not young. ／ You aren't smart. ／ He isn't tall.
② I don't play baseball. ／ He doesn't play baseball. ／
　 I didn't play baseball.
③ You must not go there again.

　否定文は not を使って、「〜ではない」と文の内容を打ち消します。次の3つに分類されます。① be 動詞の否定文、② 一般動詞の否定文、③ 助動詞の否定文です。

　① be 動詞の否定文は、be 動詞の後ろに not を置くだけです。例文①のように、現在時制なら、am not、are not（aren't）、is not（isn't）です。過去時制なら、was not（wasn't）、were not（weren't）です。

　次に、② 一般動詞の否定文は、例文②のように現在時制なら do not（don't）、3人称単数の主語なら does not（doesn't）、過去時制なら did not（didn't）を動詞の原形の前に置きます。

　最後に、③ 助動詞の否定文は、例文③のように、助動詞の後ろに not を置きます。

練習問題　ゼロからわかる英文法ドリル

日本文に合うように、空所に入る適切な語句の番号を選びなさい。

1 私は学生ではない。

⇒ I（　　　）a student.

① are not　　　　　② am not

2 私はサッカーが好きではない。

⇒ I（　　　）soccer.

① don't like　　　　② not like

3 あなたはそこに行ってはいけない。

⇒ You（　　　）there.

① must go not　　　② must not go

　日本文に合うように、空所に与えられた文字から始まる適切な英単語を書きなさい。

4 あなたは年老いてはいない。

⇒ You（ **a**　　　）（ **n**　　　　）old.

5 彼は野球が好きではなかった。

⇒ He（ **d**　　　）（ **l**　　　　）baseball.

6 彼は学生ではないかもしれない。

⇒ He（ **m**　　　）（ **n**　　　　）be a student.

解答は別冊005ページ

第 11 講 命令文

POINT これを覚える！

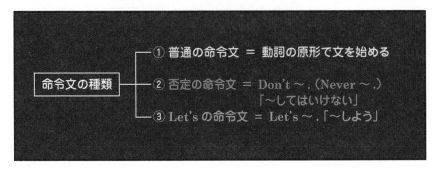

命令文の種類
- ① 普通の命令文 ＝ 動詞の原形で文を始める
- ② 否定の命令文 ＝ Don't ～ .（Never ～ .） 「～してはいけない」
- ③ Let's の命令文 ＝ Let's ～ .「～しよう」

基本例文

① **Be quiet in the classroom.** 教室では静かにしなさい。
② **Don't be so noisy here.** ここでそんなに騒いではいけない。
　Never mind. 気にするなよ。
③ **Let's sing together.** 一緒に歌おう。

　命令文は大きく分けると、① **普通の命令文**、② **否定の命令文**、③ **Let's ～ .** があります。

　①は、例文①のように、**動詞の原形を文頭**に持ってきます。

　続いて②は、例文②のように、**Don't を文頭**に持ってきたり、さらに強めて **never を文頭**に置いたりして「～してはいけない」と否定の命令文にします。

　最後に③は、**Let's ～ .**「～しよう」と、これも一種の命令文になります。①や②と異なる点は、この表現はもともと **Let us ～ .** であることです。

　let O do「**O に～させる**」で、O のところに us を置いて、「私たちに～させてください」＝「**一緒に～しましょう**」になります。Let us を短縮して Let's ～ . としたのがこの表現です。

日本文に合うように、空所に入る適切な語句の番号を選びなさい。

1 静かにしなさい。
⇒ (　　　).
　① Be quiet　　　　② Do quiet

2 そんなにうるさくしてはいけない。
⇒ (　　　) so noisy.
　① Not be　　　　② Don't be

3 一緒に英語を勉強しよう。
⇒ (　　　) English together.
　① Let's study　　② Let study

日本文に合うように、空所に与えられた文字から始まる適切な英単語を書きなさい。

4 そこで止まりなさい。
⇒ (**S**　　　　　) there.

5 気にするなよ。
⇒ (**N**　　　　) (**m**　　　　).

6 音楽を聴こう。
⇒ (**L**　　　　) (**l**　　　　) to music.

解答は別冊005ページ

POINT これを覚える！

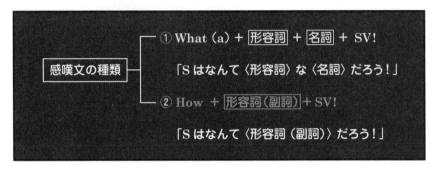

感嘆文の種類
- ① What（a）+ 形容詞 + 名詞 + SV！

  「S はなんて〈形容詞〉な〈名詞〉だろう！」
- ② How + 形容詞（副詞）+ SV！

  「S はなんて〈形容詞（副詞）〉だろう！」

✎ 基本例文

① **What a beautiful picture this is!**
これはなんて美しい写真だろう！

② **How beautiful** this flower is!
この花はなんてきれいなのだろう！

感嘆文には、① **What** の感嘆文と、② **How** の感嘆文があります。

①は、**What** の後ろに（a）+ 形容詞 + 名詞 を置いて、SV！と続けます。「S はなんて 形容詞 な 名詞 だろう！」になります。例文①のように、What a + beautiful + picture + this is! です。

続いて、②は、**How** の後ろに 形容詞（副詞）を置いて、SV！と続けます。「S はなんて 形容詞（副詞）だろう！」となります。例文②のように、How + beautiful + this flower is! です。

なぜこのような語順の違いが生まれるかというと、**what は形容詞**なので、後ろに a beautiful picture などの**名詞のカタマリ**を置くことができるからです。

一方で、**how は副詞**で、後ろに名詞を置くことはできず、**形容詞や副詞を修飾する**ので、How beautiful とします。

日本文に合うように、空所に入る適切な語の番号を選びなさい。

1 彼はなんて優しいのだろう！
　　⇒（　　　　）kind he is!
　　　① What　　　② How

2 これはなんて美しい景色なんだ！
　　⇒（　　　　）a beautiful scene this is!
　　　① What　　　② How

3 彼はなんて歌が上手なんだろう！
　　⇒（　　　　）well he sings!
　　　① How　　　② What

　　日本文に合うように、空所に与えられた文字から始まる適切な英単語を書きなさい。

4 あなたはなんて足が速いのだろう！
　　⇒（ **H**　　　　）（ **f**　　　　　）you run!

5 今日はなんて暑いんだ！
　　⇒（ **H**　　　　）（ **h**　　　　　）it is today!

6 それはなんてきれいなドレスなんだ！
　　⇒（ **W**　　　）a（ **b**　　　　　）（ **d**　　　　　）it is!

解答は別冊005ページ

問題

| Q. 1 | 副詞の特徴は？

| Q. 2 | 前置詞は後ろに何を置く？

| Q. 3 | am、are、is を過去形にすると？

| Q. 4 | bring の意味と変化は？

| Q. 5 | sing の変化は？

| Q. 6 | know の変化は？

| Q. 7 | 3単現の s とはどんなルール？

| Q. 8 | 間接疑問文の特徴は？

| Q. 9 | I want to know where you are from. を訳しなさい。

| Q. 10 | I'm interested in why you are happy. を訳しなさい。

| Q. 11 | You are happy. を否定文と疑問文にしなさい。

| Q. 12 | You play soccer. を否定文と疑問文にしなさい。

| Q. 13 | She plays soccer. を否定文と疑問文にしなさい。

| Q. 14 | You can play soccer. を否定文と疑問文にしなさい。

| Q. 15 | what を使って「これはなんて美しい写真だろう！」という感嘆文を作りなさい。

| Q. 16 | how を使って「この花はなんてきれいなのだろう！」という感嘆文を作りなさい。

解答

A. 1　名詞以外の動詞、形容詞、副詞などを修飾する

A. 2　名詞

A. 3　am は was、are は were、is は was

A. 4　「持ってくる」bring-brought-brought

A. 5　sing-sang-sung

A. 6　know-knew-known

A. 7　主語が３人称・単数で現在時制の場合は動詞の語尾に s (es) を付ける

A. 8　疑問文を倒置しないで通常の語順で文の主語、目的語、補語で使う用法

A. 9　私はあなたがどこの出身か知りたい。

A. 10　私はなぜあなたが幸せなのかに興味がある。

A. 11　否定文が You are not happy.、疑問文が Are you happy?

A. 12　否定文が You don't play soccer.、疑問文が Do you play soccer?

A. 13　否定文が She doesn't play soccer.、疑問文が Does she play soccer?

A. 14　否定文が You cannot play soccer.、疑問文が Can you play soccer?

A. 15　What a beautiful picture this is!

A. 16　How beautiful this flower is!

接続詞には２種類ある⁉

第２講で接続詞が登場しましたが、実は接続詞には２種類あります。次の例文をご覧ください。

---

① My wife is cooking in the kitchen, **and** I am watching TV.

訳 妻は台所で料理をしていて、私はテレビを見ているところです。

② **If** it rains tomorrow, I will stay home.

訳 もし明日雨が降るなら、私は家にいる。

---

①の **and** も②の **if** も接続詞ですが、①と②の文での働きは、違ったように思えるでしょう。①の and は、My wife is cooking ～と I am watching …. という**文と文をつなげる等位接続詞**といわれるものです。一方で、②の if は、**If ～ , SV.** という型を作って、中心となる SV に～の情報を追加する表現で、**従属接続詞**といわれるものです。②は、あくまで I will stay home が文の中心で、それに付属で If it rains tomorrow を加えるので**従属接続詞**と呼ばれます。次の例文に進みます。

---

③ I am a teacher **and** writer.

訳 私は教師であり、物書きだ。

④ I will help her **if** she comes.

訳 彼女が来るなら、手伝ってあげるよ。

等位接続詞は、等位「ひとしいもの」という言葉通り、**文と文**や**動詞と動詞**、例文③のような**名詞と名詞**のような同じ品詞をつなげるものです。**and** 以外にも、**but**、**or** などがあります。一方で**従属接続詞**とは、**文の中心となる SV に付属で情報を追加する**ものなので、②のように **If ～ , SV.** や、④のように **SV if ～ .** も可能になります。**従属接続詞**には、if 以外にも **when**「～するとき」、**though**「～だけれども」などがあるので、おさえておきましょう。

文型

文型の全体図

🔵 文法用語の説明から

用 語	解 説

文型（ぶんけい）
英語の文を5種類の型に分類したもの。
第1文型や第5文型などのこと。

第1文型（だいいちぶんけい）
S（主語）＋V（動詞）＋（M（修飾語））で表す。
Time flies.「光陰矢のごとし」などの文。

第2文型（だいにぶんけい）
S＋V＋C（補語）で表す。I am a student.
「私は学生だ」などの文。S＝Cになる。

第3文型（だいさんぶんけい）
S＋V＋O（目的語）で表す。I got a new car.
「私は新車を手に入れた」などの文。

第4文型（だいよんぶんけい）
S＋V＋O_1＋O_2で表す。I gave her a present.
「私は彼女にプレゼントをあげた」などの文。

第5文型（だいごぶんけい）
S＋V＋O＋Cで表す。She makes me happy.
「彼女は私を幸せにしてくれる」などの文。

文の要素（ぶんようそ）
文中の役割で単語を分類したもの。
S（主語）、V（動詞）、C（補語）、O（目的語）など。

本編に入る前に、まず文法用語について確認しておきましょう。

用 語	解 説

主語（しゅご）

Sの記号で表す。日本語の「～は、が」にあたる。
主に文頭にくる。I got a new car.
「私は新車を手に入れた」のIのこと。

動詞（どうし）

Vの記号で表す。日本語の「～する」にあたる。
主にSの後ろにきて、時制や主語によって形が変化
することがある。I got a new car. の got のこと。

目的語（もくてきご）

Oの記号で表す。主にVの後ろにくる。
日本語の「～に、～を」にあたる。
I got a new car. の a new car のこと。

補語（ほご）

Cの記号で表す。主語や目的語の情報を補うもの。
第2文型（SVC）や第5文型（SVOC）に使われる。
I am a student. の a student のこと。

修飾語（しゅうしょくご）

Mの記号で表す。
S・V・O・Cなど文型の骨格に含めない。
The sun rises in the east. の in the east のこと。

文型の全体図

📍 英文法の見取り図4 文型の全体図

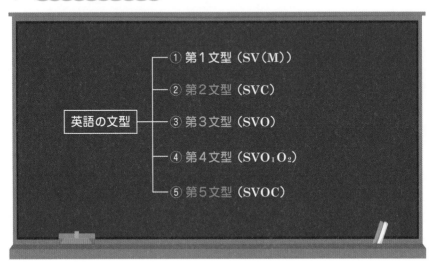

英語の文型
- ① 第1文型（SV（M））
- ② 第2文型（SVC）
- ③ 第3文型（SVO）
- ④ 第4文型（SVO_1O_2）
- ⑤ 第5文型（SVOC）

🖋 基本例文

① I live in Sapporo.　　私は札幌に住んでいる。
　 S　V　　M

② I am an office worker.　私は会社員だ。
　 S　V　　　C

③ I like apples.　　　　私はリンゴが好きだ。
　 S　V　　O

④ I gave him a book.　　私は彼に本をあげた。
　 S　V　O_1　O_2

⑤ She makes me happy.　彼女は私を幸せにしてくれる。
　 S　　V　　O　　C

まずは、① **第1文型**（SV（M））です。英文では **SV という主語・動詞が先頭にきます**。一方で、日本語は、例文のように「私は札幌に住んでいる」「私はリンゴが好きだ」と、主語は先頭で、動詞は最後です。

　例文①のように、I live と SV だけでは終わらずに、たいていは後ろに M（**修飾語**）がきます。M は例文①のように、in Sapporo と**前置詞のカタマリ**や**副詞**がきます。

　続いて、② **第2文型**（SVC）です。これは、SV の次に、S の説明をする C（**補語**）がきます。**S = C になるのが特徴です**。例文②も、I = an office worker です。

　③ **第3文型**（SVO）は、**V の対象が後ろにきて、これを O（目的語）といい**ます。第2文型とは異なり、S = O とはなりません。例文③も、I ≠ apples です。

　④ **第4文型**（SVO$_1$O$_2$）は、V のあとに O が2つきます。最初が O$_1$（間接目的語）で、次が O$_2$（直接目的語）です。「**O$_1$に O$_2$を V する**」が基本の訳です。例文④も、「彼に本をあげた」となります。**give O$_1$ O$_2$「O$_1$に O$_2$を与える」**で覚えておきましょう。

　最後が⑤ **第5文型**（SVOC）です。V のあとに OC がきます。**O = C になり**ます。例文⑤も、me = happy です。**make O C「O を C にする」**で覚えておきましょう。

第13講 文の要素

POINT これを覚える！

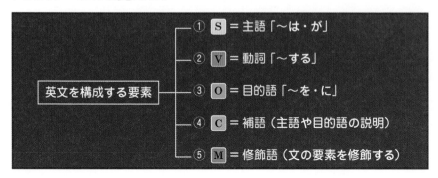

英文を構成する要素
- ① **S** = 主語「〜は・が」
- ② **V** = 動詞「〜する」
- ③ **O** = 目的語「〜を・に」
- ④ **C** = 補語（主語や目的語の説明）
- ⑤ **M** = 修飾語（文の要素を修飾する）

基本例文

① I walk in the morning.	私は午前中散歩をする。
② I run in the park.	私はその公園を走る。
③ I like him.	私は彼のことが好きだ。
④ I am a student.	私は学生です。
⑤ I come home in the evening.	私は夕方家に帰る。

① **S（主語）**は、例文①の **I** のような日本語の「〜は・が」にあたる部分です。

② **V（動詞）**は、例文②の **run** のように、日本語の「〜する」にあたる部分です。

③ **O（目的語）**は、例文③の **him** のように、動詞などの後ろに置かれる語句です。日本語の「〜を、〜に」にあたります。

④ **C（補語）**は、例文④の **a student** のように、I といった**主語などの補足説明**（情報を補って説明を加えること）をします。

⑤ **M（修飾語）**は、例文⑤の **in the evening** のように、come home などの文の要素を修飾する語句です。よく時や場所を表します。

次の太字の語句を、英文中の働きに応じて、文の要素① S（主語）、② V（動詞）、③ O（目的語）、④ C（補語）、⑤ M（修飾語）に分けてみましょう。空所に①～⑤の番号を入れてください。

1 I **walk** in the park every day.　　⇒　（　　　）
私は毎日公園を散歩します。

2 My hobby is **taking pictures**.　　⇒　（　　　）
私の趣味は写真を撮ることです。

3 **We** are a family of four.　　⇒　（　　　）
私の家族は4人家族です。

4 I bought **a new car**.　　⇒　（　　　）
私は新車を買いました。

5 I am going to Hawaii **next year**.　　⇒　（　　　）
私は来年ハワイに行く予定です。

解答は別冊006ページ

第1章 文型 第13講 文の要素

第14講 第1文型（SV(M)）

POINT これを覚える！

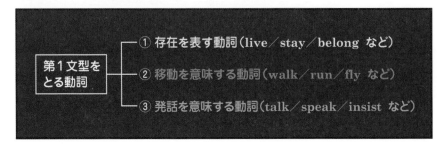

第1文型を
とる動詞

① 存在を表す動詞（live／stay／belong など）

② 移動を意味する動詞（walk／run／fly など）

③ 発話を意味する動詞（talk／speak／insist など）

基本例文

① I live in Sapporo.　私は札幌に住んでいる。
　S　V　　M

② I walk in the park every morning.　私は毎朝公園を歩く。
　S　V　　M　　　　　M

③ I talk to everybody in my class.　私はクラスのみんなと話をする。
　S　V　　M　　　　　M

　第1文型で重要なのが、**どの動詞が第1文型をとるか**を理解して、**後ろに続く前置詞とセットで覚えること**です。例えば、例文①の **live in**「〜に住んでいる」です。第1文型をとる動詞には、**存在を意味する動詞**があります。他にも **stay at**「〜に滞在する」や、**belong to**「〜に所属している」があります。

　次に、② **walk in**「〜を歩く」です。他にも、**run in**「〜を走る」、**fly in**「〜を飛ぶ」など、**移動を意味する動詞**には、第1文型をとるものが非常に多くあります。**in を to** に変えれば「〜まで歩く、走る、飛ぶ」になります。

　最後が、③ **talk to**「〜と話す」です。他にも、**speak to**「〜に話しかける」、**insist on**「〜と言い張る」などの**発話（話すこと）を意味する動詞**に、第1文型をとる動詞があります。

日本文に合うように、空所に入る適切な語（句）の番号を選びなさい。

1 私は東京に住んでいる。
　⇒ I (　　) Tokyo.
　　① live　　　② live in

2 私は毎朝公園を走る。
　⇒ I (　　) the park every morning.
　　① run in　　② run

3 私はそのパーティーで、彼の友人と話をした。
　⇒ I (　　) his friend at the party.
　　① talked　　② talked to

　日本文に合うように、空所に与えられた文字から始まる適切な英単語を書きなさい。

4 私は数年前、大阪に住んでいた。
　⇒ I (l　　　　) (i　　　　) Osaka a few years ago.

5 私は毎日職場まで歩いて行く。
　⇒ I (w　　　　) (t　　　　) my office every day.

6 私は昨日のパーティーで彼と話をした。
　⇒ I (t　　　　) (t　　　　) him at the party yesterday.

解答は別冊006ページ

第15講 There be 〜. 構文

POINT これを覚える!

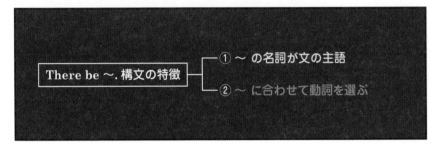

There be 〜.構文の特徴 ── ① 〜 の名詞が文の主語
 ── ② 〜 に合わせて動詞を選ぶ

基本例文

① **There is a cat under the table.** テーブルの下に猫がいる。
　　　 V　S　　　　　M

② **There are many cats in my house.** 私の家には猫がたくさんいる。
　　　 V　　　　S　　　　M

　There be 〜. 構文は、「**〜がある**」という存在を表す構文です。〜には**相手が知らない情報**がきます。**動詞が be 動詞、〜が文の主語**で、**SV が逆転する倒置**という現象が起きています。

　例文の①は、**is が V** で、後ろの **a cat が S** です。先頭の There は訳さずに、後ろの **is a cat**「**猫がいる**」が文の中心です。後ろに具体的な場所である under the table「テーブルの下に」のような表現がよくきます。

　There be 〜. 構文の注意点は、② **be 動詞は主語や時制によって、is、are、was、were などに変わる**ことです。例文②は、**主語が many cats と複数**なので、**be 動詞を are** にします。

　他にも存在を表す構文では、**S be in 〜.**「**S は〜にいる**」があります。この場合の S は、**人を表す I、she、he** や、**相手が知っている物**がきます。例えば、**I am in the station.**「私は駅にいます」と使います。

日本文に合うように、空所に入る適切な語の番号を選びなさい。

1　その角に一軒のお店がある。
　　⇒（　　　）is a store on the corner.
　　　① That　　　② There

2　この部屋にはたくさんの椅子がある。
　　⇒ There（　　　）many chairs in this room.
　　　① are　　　② is

3　ドアのところに犬がいる。
　　⇒ There（　　　）a dog at the door.
　　　① are　　　② is

　日本文に合うように、空所に与えられた文字から始まる適切な英単語を書きなさい。

4　机の上に1冊の本がある。
　　⇒（ **T**　　　）（ **i**　　　）a（ **b**　　　）on the desk.

5　その部屋には多くの人がいる。
　　⇒（ **T**　　　）（ **a**　　　）（ **m**　　　）（ **p**　　　）in the room.

6　私は駅の中にいる。
　　⇒ I（ **a**　　　）（ **i**　　　）the station.

解答は別冊006ページ

POINT これを覚える!

――✎基本例文――

① **My brother** <u>**looks**</u> **very young.**　私の兄はとても若く見える。
　S　　　　　V　　　C

② **He** <u>**became**</u> **a lawyer.**　彼は弁護士になった。
　S　　V　　　C

③ **She** <u>**kept**</u> **silent for a long time.**　彼女はずっと黙ったままだった。
　S　　V　　C　　　M

　第2文型で重要なのが、**どの動詞が第2文型をとるかを理解して、その動詞を見たら後ろに C がくると予測する力**です。

　例えば、例文①の **look C**「**C に見える**」、**feel C**「**C に感じる**」、**taste C**「**C の味がする**」などの**感覚動詞**(五感に関係する動詞)の一部が第2文型をとります。

　次に、② **become C**「**C になる**」や、葉っぱの色が変わるときに使う **turn C**「**C になる**」、夢が実現するときに使う **come C**「**C になる**」です。**変化動詞**(〜に変化する)の一部が第2文型をとります。

　最後が、③ **keep C**「**C のままでいる**」、**remain C**「**C のままだ**」、**stay C**「**C のままだ**」の **維持動詞**(〜のままである)の一部が第2文型をとります。

日本文に合うように、空所に入る適切な語（句）の番号を選びなさい。

1 私の母はとても若く見える。
⇒ My mother （　　） very young.
　① looks at　　② looks

2 彼は将来医者になるだろう。
⇒ He will probably （　　） a doctor in the future.
　① become　　② come

3 あなたは落ち着いているべきだ。
⇒ You should （　　） calm.
　① plan　　② stay

日本文に合うように、空所に与えられた文字から始まる適切な英単語を書きなさい。

4 彼はとても老けて見える。
⇒ He （ l　　　）（ v　　　）（ o　　　）.

5 彼は英語の教師になった。
⇒ He （ b　　　） an （ E　　　）（ t　　　）.

6 私はずっと黙ったままだった。
⇒ I （ k　　　）（ s　　　） for a long time.

解答は別冊007ページ

第17講 第3文型 (SVO)

POINT これを覚える!

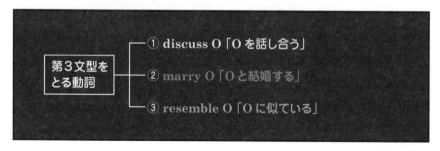

第3文型を
とる動詞
① discuss O「O を話し合う」
② marry O「O と結婚する」
③ resemble O「O に似ている」

◆ 基本例文 ◆

① <u>We</u> <u>discussed</u> <u>the plan.</u>　私たちはその計画を話し合った。
　S　　V　　　　O

② <u>Will</u> <u>you</u> <u>marry</u> <u>me</u>?　(あなたは) 私と結婚してくれますか？
　　　　S　　V　　O

③ <u>My son</u> <u>resembles</u> <u>me.</u>　私の息子は私に似ている。
　　S　　　V　　　O

　多くの動詞が第3文型をとることができます。よって、第1文型と紛らわしい動詞を**第3文型と理解して、後ろの O とセットで覚えます。**

　例えば、例文①の **discuss O「O を話し合う」** と覚えます。この形で覚えれば、discuss about 〜という間違いをしません。

　次に、② **marry O「O と結婚する」** です。marry with とはしません。「**結婚している**」という状態は、*be* married とします。「私は結婚している」は I am married. です。

　最後が、③ **resemble O「O に似ている」** です。resemble to とはしません。**resemble は通常、進行形（be 動詞 ＋ -ing 形）にはしない動詞**なので、あわせて覚えておきましょう。

日本文に合うように、空所に入る適切な語（句）の番号を選びなさい。

1 私たちはその問題を話し合った。
⇒ We （　　） the problem.
① discussed　　　② discussed about

2 私は彼女と昨年結婚した。
⇒ I （　　） her last year.
① married with　　② married

3 彼は父親と似ている。
⇒ He （　　） his father.
① resembles　　　② resembles to

日本文に合うように、空所に与えられた文字から始まる適切な英単語を書きなさい。

4 この問題を話し合いませんか？
⇒ Why don't we （ **d**　　　 ） this （ **p**　　　 ）?

5 彼は私の友達と結婚した。
⇒ He （ **m**　　　 ）（ **m**　　　 ）（ **f**　　　 ）.

6 彼は彼の兄ととても似ている。
⇒ He （ **r**　　　 ）（ **h**　　　 ）（ **b**　　　 ） very much.

解答は別冊007ページ

POINT これを覚える！

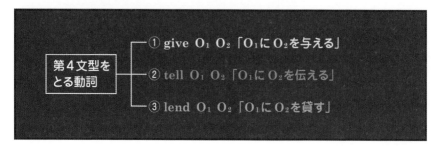

第4文型を
とる動詞
① give O₁ O₂「O₁に O₂を与える」
② tell O₁ O₂「O₁に O₂を伝える」
③ lend O₁ O₂「O₁に O₂を貸す」

— 基本例文 —

① <u>I</u> sometimes <u>give</u> <u>my wife</u> <u>flowers</u>.　私はときどき妻に花をあげる。
　 S　　M　　　V　　　O₁　　　O₂

② <u>She</u> <u>told</u> <u>me</u> <u>the news</u>.　彼女は私にその知らせを話してくれた。
　 S　　V　　O₁　　O₂

③ <u>I</u> <u>lent</u> <u>him</u> <u>1,000 yen</u>.　私は彼に1000円を貸した。
　 S　　V　　O₁　　O₂

　第4文型で重要なのが、**どの動詞が第4文型をとるか**を理解して、**その動詞を見たら後ろに O₁、O₂がくると予測する力**です。O₁には人、O₂には物がきます。

　例えば、① **give O₁ O₂**「O₁に O₂を与える」、② **tell O₁ O₂**「O₁に O₂を伝える」、③ **lend O₁ O₂**「O₁に O₂を貸す」と覚えます。

　他にも、**teach O₁ O₂**「O₁に O₂を教える」、**buy O₁ O₂**「O₁に O₂を買ってあげる」、**show O₁ O₂**「O₁に O₂を見せる」などがあります。

　最後に、**第4文型の多くの動詞**は、「人に物を与える」の give の意味が根底にあります。tell「伝える」も**情報を与える**、teach「教える」も**知識を与える**、buy も**買い与え**です。lend「貸す」は「**返す約束付きで与える**」、show「示す」は「**姿を与える**」です。

日本文に合うように、空所に入る適切な語の番号を選びなさい。

1 その先生は彼女に10分与えた。
　⇒ The teacher （　　　） her ten minutes.
　　① found　　　② gave

2 彼は私たちに冗談を言った。
　⇒ He （　　　） us jokes.
　　① talked　　　② told

3 私の父は私に車を貸してくれた。
　⇒ My father （　　　） me his car.
　　① lent　　　② made

　日本文に合うように、空所に与えられた文字から始まる適切な英単語を書きなさい。

4 私は明日、子どもたちにプレゼントをあげるつもりだ。
　⇒ I am going to （ **g**　　　）（ **m**　　　）（ **c**　　　） some presents tomorrow.

5 私は昨日、彼にその話を伝えた。
　⇒ I （ **t**　　　）（ **h**　　　） the （ **s**　　　） yesterday.

6 私は彼女にその本を貸してあげた。
　⇒ I （ **l**　　　）（ **h**　　　） the （ **b**　　　）.

解答は別冊007ページ

第19講 第5文型 (SVOC)

POINT これを覚える！

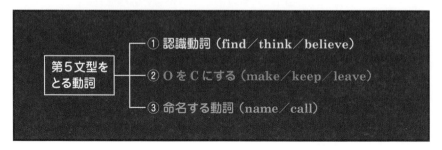

第5文型を
とる動詞
— ① 認識動詞（find／think／believe）
— ② O を C にする（make／keep／leave）
— ③ 命名する動詞（name／call）

基本例文

① <u>I</u> <u>found</u> <u>the book</u> <u>interesting</u>.　　私はその本が面白いとわかった。
　S　 V　　 O　　　　 C

② <u>She</u> <u>makes</u> <u>me</u> <u>happy</u>.　　彼女は私を幸せにしてくれる。
　S　　 V　　O　　C

③ <u>My parents</u> <u>named</u> <u>me</u> <u>Mike</u>.　　私の両親が私をマイクと名付けた。
　　S　　　　 V　　 O　　 C

　第5文型で重要なのが、**どの動詞が第5文型をとるかを覚えて、その動詞を見たら後ろにOCがくると予測する力**です。

　例えば、例文①の **find O C**「O が C だとわかる」や **think O C**「O が C と思う」、**believe O C**「O を C だと信じる」などがあります。① **認識動詞**（思う・考えるという意味の動詞）の一部が第5文型をとります。

　次に、② **make O C**「O を C にする」、状態を維持する **keep O C**「O を C のままにする」、放置する **leave O C**「O を C のままにする」です。② **O を C にする**のグループです。

　最後が、③ **name O C**「O を C と名付ける」や、**call O C**「O を C と呼ぶ」があります。③ **命名する**（名をつける）**動詞**の一部が第5文型をとります。

日本文に合うように、空所に入る適切な語の番号を選びなさい。

1 私はその映画が面白いとわかった。
⇒ I (　　) the movie interesting.
　① found　　② gave

2 その知らせは彼女を幸せにした。
⇒ The news (　　) her happy.
　① came　　② made

3 彼は自分の娘をサラと名付けた。
⇒ He (　　) his daughter Sarah.
　① lent　　② named

　日本文に合うように、空所に与えられた文字から始まる適切な英単語を書きなさい。

4 私は彼がいい人だとわかった。
⇒ I (**f**　　　) (**h**　　　) a (**g**　　　) person.

5 その曲は私を幸せにしてくれる。
⇒ The song (**m**　　　) (**m**　　　) (**h**　　　).

6 私の友達は、私をケンと呼ぶ。
⇒ My friends (**c**　　　) (**m**　　　) (**K**　　　).

解答は別冊008ページ

問 題

| Q. 1 | 文の要素の S とは何を意味する？ |

| Q. 2 | 文の要素の V とは何を意味する？ |

| Q. 3 | 文の要素の O とは何を意味する？ |

| Q. 4 | 文の要素の C とは何を意味する？ |

| Q. 5 | 文の要素の M とは何を意味する？ |

| Q. 6 | 第 1 文型を文の要素で表すと？ |

| Q. 7 | 第 2 文型を文の要素で表すと？　第 2 文型の特徴もあげなさい。 |

| Q. 8 | 第 3 文型を文の要素で表すと？ |

| Q. 9 | 第 4 文型を文の要素で表すと？ |

| Q. 10 | 第 5 文型を文の要素で表すと？　第 5 文型の特徴もあげなさい。 |

| Q. 11 | There be 構文の訳と特徴は？ |

| Q. 12 | 第 2 文型をとる動詞のうち、感覚動詞の具体例を 3 つあげなさい。 |

| Q. 13 | discuss の後ろの形と意味は？ |

| Q. 14 | marry の後ろの形と意味は？ |

| Q. 15 | resemble の後ろの形と意味は？　注意点もあげなさい。 |

| Q. 16 | 第 4 文型をとる動詞の具体例を意味と一緒に 3 つあげなさい。 |

| Q. 17 | 第 5 文型をとる動詞の認識動詞を 3 つあげなさい。 |

| Q. 18 | 第 5 文型をとる動詞の「O を C にする」の意味になるものをあげなさい。 |

| Q. 19 | 第 5 文型をとる動詞の「O を C のままにする」を 2 つあげなさい。 |

| Q. 20 | 第 5 文型をとる動詞で、命名する意味の動詞を意味とセットで 2 つあげなさい。 |

A. 1 主語。名詞しか主語になれないこともおさえておく

A. 2 動詞

A. 3 目的語。名詞しか目的語になれないこともおさえておく

A. 4 補語

A. 5 修飾語。前置詞のカタマリや副詞などが修飾語になることもおさえておく

A. 6 SV(M)

A. 7 SVC。S = C になる

A. 8 SVO

A. 9 $SVO_1 O_2$

A. 10 SVOC。O = C になる（C に名詞か形容詞がくる場合）

A. 11 「〜がある、いる」。何かの存在を表して、〜が主語になる

A. 12 look C「C に見える」、feel C「C に感じる」、taste C「C の味がする」

A. 13 discuss O「O を話し合う」

A. 14 marry O「O と結婚する」

A. 15 resemble O「O に似ている」。通常は進行形では用いない

A. 16 give $O_1 O_2$「O_1 に O_2 を与える」、tell $O_1 O_2$「O_1 に O_2 を伝える」、lend $O_1 O_2$「O_1 に O_2 を貸す」

A. 17 find O C「O が C だとわかる」、think O C「O が C と思う」、believe O C「O を C だと信じる」

A. 18 make O C

A. 19 keep O C（維持）、leave O C（放置）

A. 20 call O C「O を C と呼ぶ」、name O C「O を C と名付ける」

第4文型の「奪う」の意味になる動詞

第18講で紹介したように、第4文型の多くの動詞は根底に「〜に与える」の意味があります。例外として、「与える」の反対の**「奪う」の意味で第4文型をとる動詞**があります。次の例文をご覧ください。

> ① It **took me an hour** to finish the job.
> 訳 私がその仕事を終えるのに1時間かかった。
>
> ② It **cost me $300** to buy the bicycle.
> 訳 私がその自転車を買うのに300ドルかかった。

①は **take O_1 O_2**「O_1 から O_2（時間）を奪う」です。形式主語の it が使われて、**It takes O_1 O_2 to *do* 〜**. 「**〜することは O_1 から O_2（時間）を奪う**」=「**O_1 が〜するのに O_2 がかかる**」となります。例文①のように、「その仕事を終えることは、私から1時間を奪った」=「私がその仕事を終えるのに1時間かかった」となります。

②は **cost O_1 O_2**「O_1 から O_2（お金）を奪う」です。形式主語の it が使われて、**It costs O_1 O_2 to *do* 〜**. 「**〜することは O_1 から O_2（お金）を奪う**」=「**O_1 が〜するのに O_2 がかかる**」となります。例文②のように、「その自転車を買うことは、私から300ドルを奪った」=「私がその自転車を買うのに300ドルかかった」となります。**代表的な第4文型をとる動詞**を以下にまとめました。

「与える」グループ	「奪う」グループ
give O_1 O_2「O_1 に O_2 を与える」	take O_1 O_2「O_1 から O_2（時間）を奪う」
tell O_1 O_2「O_1 に O_2 を伝える」	cost O_1 O_2「O_1 から O_2（お金）を奪う」
lend O_1 O_2「O_1 に O_2 を貸す」	
teach O_1 O_2「O_1 に O_2 を教える」	
buy O_1 O_2「O_1 に O_2 を買う」	

時 制

時制の全体図

📍 文法用語の説明から

本編に入る前に、まず文法用語について確認しておきましょう。

用　語	解　説
時制（じせい）	いつしたのか、起きたのかを表すルール。現在時制と過去時制がある。
現在時制（げんざいじせい）	日本語の現在より広い範囲を表す。現在を中心に過去と未来にも及ぶ。現在の習慣などを表す。
過去時制（かこじせい）	現在と切り離された昔の時制。昨日のことや数年前のことを示す。
未来表現（みらいひょうげん）	主に be going to や will で表す。これから先のことを示す表現。
完了形（かんりょうけい）	ある行為が終わったことなどを示す表現。現在完了、過去完了などがある。have（had）＋過去分詞形で表す。
進行形（しんこうけい）	ある行為が続いていることなどを示す表現。現在進行形や過去進行形など。be 動詞 + doing で表す。

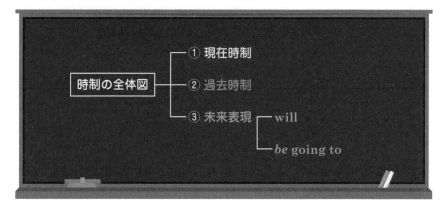

📍 （英文法の見取り図⑤） 時制の全体図

時制の全体図 ─── ① 現在時制

　　　　　　 ─── ② 過去時制

　　　　　　 ─── ③ 未来表現 ─── will

　　　　　　　　　　　　　　 ─── *be* going to

✎ 基本例文

① **I am** a student.　　　　　　　私は学生です。
② **I was** a student in those days.　私はその当時学生だった。
③ **I will** go to Hokkaido.　　　　私は北海道に行こうと思う。

　英語の時制には、① **現在時制**と② **過去時制**があります。① **現在時制**は、**日本語の「今」よりもう少し広い範囲**を示して、**現在を含む過去や未来のこと**まで幅があります。

　例えば、例文①は、am から**現在時制**とわかります。学生なのは、今だけではなく、昨日も明日も、おそらくは学生でいるものです。

　もう一つの② **過去時制**は、現在と切り離された昔の内容で、これは日本語の過去に近い考えです。

　最後は、時制とはいいませんが、未来のことを表す③ **未来表現**です。主に**will** や *be* going to を使います。例文③のように、will は**主観が入った未来の話**で、*be* going to は**客観的な予定**などによく使います。

POINT これを覚える！

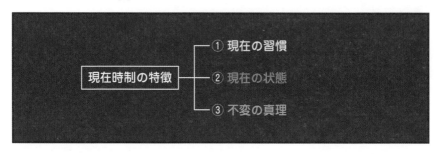

現在時制の特徴
- ① 現在の習慣
- ② 現在の状態
- ③ 不変の真理

─◆ 基本例文 ◆─

① I take a walk in the park every day.　私は毎日公園を散歩する。
② I like listening to music.　私は音楽を聴くのが好きだ。
③ The sun rises in the east.　太陽は東から昇る。

　現在時制は、① **現在の習慣**、② **現在の状態**、③ **不変の真理**を表します。

　例えば、① **現在の習慣**は、**毎日、毎朝、毎週やること**です。毎日歯を磨く、毎朝ニュースを見る、毎週ジムに行くといった表現を現在時制で表します。

　次に、現在時制は、② **現在の状態**を表します。例えば、**職業（身分）**や**住所**、**趣味**などです。**自分の職業（身分）はI am 〜.** とします。〜の部分に、**学生なら a student**、**会社員なら an office worker** などを入れます。**住所も I live in 〜.** という**現在時制**です。〜に、Sapporo、Tokyo、Japan などを入れます。そして、**趣味も I like 〜.** と現在時制です。〜に、**映画鑑賞なら watching movies**、**ドライブなら driving a car** などを入れます。

　現在時制は、③ **不変の真理**（いつの時代も変わらないルール）も表します。例文③のように「**太陽は東から昇る**」のほか、「**水は100度で沸騰する**」、「**地球は太陽の周りを回る**」といったときに現在時制を使います。

日本文に合うように、空所に入る適切な語（句）の番号を選びなさい。

1 私はいつも学校まで歩いている。
⇒ I always （　　） to school.
① walk　　② will walk

2 私は会社員です。
⇒ I （　　） an office worker.
① will be　　② am

3 彼は車を運転するのが好きだ。
⇒ He （　　） driving a car.
① like　　② likes

日本文に合うように、空所に与えられた文字から始まる適切な英単語を書きなさい。

4 私は毎週土曜日にジムに行く。
⇒ I （ **g**　　　） to the gym every Saturday.

5 私は毎朝、携帯電話でニュースを読む。
⇒ I （ **r**　　　） the news on my cell phone every morning.

6 私は広告代理店で働いている。
⇒ I （ **w**　　　） for an advertising company.

解答は別冊008ページ

第21講 過去時制

POINT これを覚える!

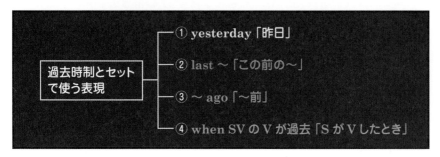

過去時制とセットで使う表現
- ① yesterday「昨日」
- ② last ～「この前の～」
- ③ ～ ago「～前」
- ④ when SV の V が過去「S が V したとき」

基本例文

① **I received his letter yesterday.**
私は昨日、彼の手紙を受け取った。

② **I came back from America last week.**
私は先週、アメリカから帰ってきた。

③ **He finished the work three days ago.**
彼は3日前に、その仕事を終えた。

④ **I studied English hard when I was young.**
私は若い頃、英語を熱心に勉強した。

過去時制で必要なのは、**具体的に過去のいつなのかを表す表現をマスター**することです。例えば、① **「昨日」**なら yesterday です。

次に、② **先週、先月、昨年といったひとつ前の期間などを表す場合は last ～** です。例えば、last week、last month、last year などです。

続いて、「3時間前」 three hours ago や、「3日前」 three days ago のように、③ **数字を含んだ「～前」は～ ago** とします。

最後に、④ **具体的な「～だったとき」は when S V の V を過去形**にします。「若い頃」when I was young、「学生の頃」when I was a student などとします。

日本文に合うように、空所に入る適切な語の番号を選びなさい。

1 私は昨日、事故にあった。
　　⇒ I (　　　) an accident yesterday.
　　① have　　　② had

2 彼は5日前にその壁を塗った。
　　⇒ He (　　　) the wall five days ago.
　　① painted　　② paints

3 高校生の頃、毎日野球をしていた。
　　⇒ I (　　　) baseball every day when I was in high school.
　　① play　　　② played

　日本文に合うように、空所に与えられた文字から始まる適切な英単語を書きなさい。

4 私は昨日、学校を休んだ。
　　⇒ I (**w**　　　　) absent from school (**y**　　　　).

5 私は3日前に、オーストラリアに出発した。
　　⇒ I (**l**　　　　) for Australia three days (**a**　　　　).

6 先月、私は35歳になった。
　　⇒ I (**t**　　　　) thirty-five years old (**l**　　　　)(**m**　　　　).

解答は別冊008ページ

POINT これを覚える!

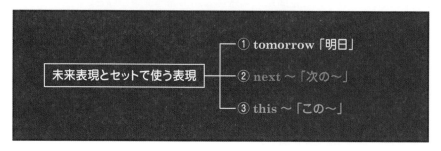

未来表現とセットで使う表現
① tomorrow「明日」
② next ～「次の～」
③ this ～「この～」

基本例文

① **It will rain tomorrow.** 　明日、雨が降りそうだ。
② **I am going to（go to）Europe next winter.**
　私は来年の冬に、ヨーロッパに行く予定だ。
③ **I am going to start scuba diving this summer.**
　私は今年の夏に、スキューバダイビングを始める予定だ。

　未来表現には、**will** と *be* going to があります。**will** は話者の気持ちがこもった表現で、*be* going to はもう少し**客観的な表現**です。

　例えば、**その場で思いついて**、「そうだ！札幌に行こう」というときは、I will go to Sapporo. とします。一方で、**前から予定を立てている場合**は、I am going to（go to）Sapporo. です。go to はなくても大丈夫です。

　そして、未来表現で重要なのは、**未来の具体的なときを表す表現**です。まずよく使うのは、例文① tomorrow「明日」です。明日以外の**次の～**は、② next ～です。「来年」next year、「来月」next month と使います。

　最後に、未来表現と相性がいいのが、③ this ～です。「今年」this year、「今月」this month、「今週」this week などがあります。

日本文に合うように、空所に入る適切な語（句）の番号を選びなさい。

1 彼女は明日、ここに来るだろう。
⇒ She （　　） here tomorrow.
① come ② will come

2 私は来年30歳になる。
⇒ I （　　） 30 years old next year.
① will be ② am going

3 私は今年、大学を卒業する予定だ。
⇒ I （　　） graduate from college this year.
① am going to ② will be going

日本文に合うように、空所に与えられた文字から始まる適切な英単語を書きなさい。

4 あなたは明日暇ですか？
⇒ （ **W**　　） you be free （ **t**　　）？

5 私は来年の秋に、留学する予定だ。
⇒ I （ **a**　　）（ **g**　　）（ **t**　　） study abroad （ **n**　　） fall.

6 私は今日の午後はたぶん忙しいでしょう。
⇒ I （ **w**　　） probably be busy （ **t**　　） afternoon.

解答は別冊009ページ

完了形の全体図

英文法の見取り図6　完了形の全体図

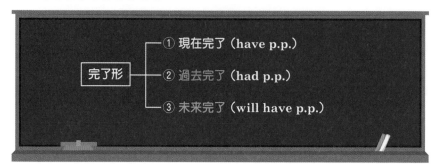

完了形 ─── ① 現在完了（have p.p.）
　　　　 ─── ② 過去完了（had p.p.）
　　　　 ─── ③ 未来完了（will have p.p.）

基本例文

① I have lived in Tokyo for ten years.
私は東京に10年間住んでいる。

② I hadn't been to Europe before I was twenty years old.
私は20歳になるまで、ヨーロッパに行ったことがなかった。

③ By next summer, I will have moved there.
来年の夏までに、私はそこに引っ越しているだろう。

　完了形の基本の形は、**have p.p.**（過去分詞形）です。完了形には① **現在完了**（have p.p.）、② **過去完了**（had p.p.）、③ **未来完了**（will have p.p.）の3種類があります。

　①〜③に共通するのが、ある基準時があって、それより前からあることがらが続くイメージです。例えば、① **現在完了**は、**現在が基準でそれより以前の過去から続く話**です。

現在完了のイメージ

過去　　　　　　　　　現在　　　　　　　未来

例文①は、10年前から今まで東京に住んでいることを表します。

続いて、② **過去完了**（had p.p.）は、**過去のある一点が基準でそれより以前のさらなる過去（大過去）から続く話**です。

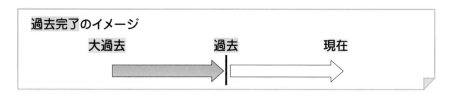

例文②は、20歳の過去の時点より、さらに以前を表します。

最後に、③ **未来完了**は、**未来のある一点が基準でそれより以前の現在や過去から続く話**です。

例文③は、「来年の夏という未来の一点より以前に、引っ越しを終えているだろう」ということを意味します。

POINT　これを覚える！

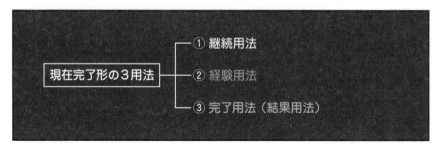

現在完了形の3用法
― ① 継続用法
― ② 経験用法
― ③ 完了用法（結果用法）

基本例文

① **I have lived here for three years.**
　私は3年間ここに住んでいる。

② **I have been to America three times.**
　私はアメリカに3回行ったことがある。

③ **I have just finished lunch.**
　私はちょうど昼食を終えたところだ。

　現在完了は、**現在が基準でそれより以前の過去から続く話**です。例えば、朝起きてから今までずっと本を読み続けている、小学校のときから今まで3回ハワイに行ったことがある、彼はアメリカに行ってしまって今はいないなどです。

　そして、この過去から始まって現在も続く話を、3つに分けて整理します。① **継続用法**（過去から今まで〜し続けている）、② **経験用法**（過去から今までに〜したことがある）、③ **完了・結果用法**（〜し終えて今に至る）です。

　まずは、① **継続用法**からです。「何かを続けている」ので、継続期間やスタート地点を表す **for 〜**「〜の間」、**since 〜**「〜からずっと」などと相性がいいです。例文①も、私は3年間ここにずっと住んでいるから、何でも詳しいとか、もうここには慣れたよ、と**過去が現在に影響を与えている**ニュアンスがあります。

日本文に合うように、空所に入る適切な語句の番号を選びなさい。

1 私は5年間ここに住んでいる。
　⇒ I (　　) here for five years.
　　① have live　　　② have lived

2 彼はここ1週間病気で寝ている。
　⇒ He (　　) ill in bed for the whole week.
　　① have been　　　② has been

3 私たちは大学生の頃からお互いを知っている。
　⇒ We (　　) each other since we were college students.
　　① have known　　　② have knew

　日本文に合うように、空所に与えられた文字から始まる適切な英単語を書きなさい。

4 私は2016年から東京で暮らしている。
　⇒ I (h　　　) (l　　　) in Tokyo since 2016.

5 私は高校生の頃から彼を知っている。
　⇒ I (h　　　) (k　　　) him (s　　　) I was a high school
　　student.

6 あなたはどのくらいここに住んでいますか？
　⇒ How long (h　　　) you (l　　　) here?

解答は別冊009ページ

第23-2講 現在完了形②

POINT これを覚える!

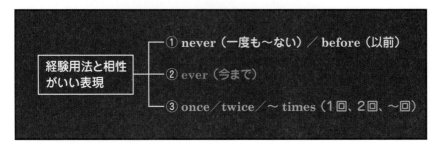

経験用法と相性がいい表現
- ① never (一度も〜ない) ／ before (以前)
- ② ever (今まで)
- ③ once／twice／〜 times (1回、2回、〜回)

基本例文

① **I have never seen the movie.**
私はその映画を一度も見たことがない。

② **Have you ever seen her?**
あなたは今までに彼女に会ったことがありますか?

③ **I have been to Sapporo three times.**
私は札幌に3回行ったことがある。

　現在完了の**経験用法(過去から今までに何かをしたことがある)**と相性がいい表現は、① **never**「一度も〜ない」です。

　例文①のように、**否定の意味**になり、「**一度も見たことがないからぜひ見たい**」とか、「**その内容はわからない**」というニュアンスが含まれます。

　続いて、主に疑問文で用いる② **ever**「今までに」です。例文② **Have you ever p.p. 〜?** で、「今までに〜したことがありますか?」と使います。

　最後に、経験を伝える際には「〜回したことがある」という表現をよく使います。③ **once**「1回」、**twice**「2回」、**〜 times**「〜回」です。例文③の **have been to 〜**「〜に行ったことがある」をおさえておきましょう。

日本文に合うように、空所に入る適切な語句の番号を選びなさい。

1 私はその本を一度も読んだことがない。

⇒ I（　　　）read the book.

① have ever　　② have never

2 あなたは今までに韓国に行ったことがありますか？

⇒ Have you（　　　）to South Korea?

① ever been　　② ever be

3 私は以前に彼に会ったことがない。

⇒ I（　　　）met him before.

① had never　　② have never

　日本文に合うように、空所に与えられた文字から始まる適切な英単語を書きなさい。

4 私はそのような美しい景色を一度も見たことがない。

⇒ I（ **h**　　　）（ **n**　　　）（ **s**　　　）such a beautiful scene.

5 あなたは今までにハワイに行ったことがありますか？

⇒（ **H**　　　）（ **y**　　　）（ **e**　　　）been to Hawaii?

6 私はその国を2回訪れたことがある。

⇒ I（ **h**　　　）（ **b**　　　）to that country（ **t**　　　）.

解答は別冊009ページ

POINT これを覚える!

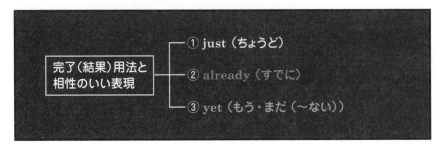

完了（結果）用法と
相性のいい表現
- ① just（ちょうど）
- ② already（すでに）
- ③ yet（もう・まだ（〜ない））

✎ 基本例文

① **I have just finished lunch.**
私はちょうど昼食を食べ終えたところだ。

② **He has already finished the work.**
彼はすでにその仕事を終えている。

③ **Have you watched the movie yet?**
あなたはもうその映画を観ましたか？

現在完了の3用法の最後は、日本人には一番理解しにくい**完了（結果）用法**です。これは、**「過去に〜し終えて、その結果今…」**というニュアンスがあります。

完了用法と相性のいいものが、① **just**「ちょうど（〜したばかりだ）」です。例文①は、**「友人にランチに誘われて、ちょうど昼食を食べ終えたばかりだから行けない」**のような文脈で使います。

続いて、② **already**「すでに（〜し終えた）」です。例文②では、**「彼はその仕事をすでに終えたから、もう大丈夫だ」**とか、**「彼はさらに仕事をこなせる」**といった文脈で使います。

最後に③ **yet** です。例文③のように、**疑問文**では**「もう（〜したか）」**、**否定文**では**「まだ（〜していない）」**という意味です。例えば、He hasn't finished his homework **yet**.「彼は宿題を**まだ**終えていない」と使います。

日本文に合うように、空所に入る適切な語（句）の番号を選びなさい。

1 彼はちょうどアメリカから戻ってきたところだ。

⇒ He （　　　） from America.

① had just returned　　② has just returned

2 あなたは宿題をもう終えましたか？

⇒ Have you （　　　） your homework yet?

① did　　　　　　　② done

3 彼は北海道に行ってしまった（今ここにいない）。

⇒ He （　　　） to Hokkaido.

① has gone　　　　② had been

日本文に合うように、空所に与えられた文字から始まる適切な英単語を書きなさい。

4 私はちょうど夕食を食べたところだ。

⇒ I （ **h**　　　）（ **j**　　　）（ **e**　　　） dinner.

5 あなたはもうその本を読みましたか？

⇒（ **H**　　　） you （ **r**　　　） the book （ **y**　　　）?

6 ケンはここにはいない。彼は福岡に行ってしまった。

⇒ Ken is not here. He （ **h**　　　）（ **g**　　　） to Fukuoka.

解答は別冊010ページ

第**24**講 過去完了形

POINT これを覚える！

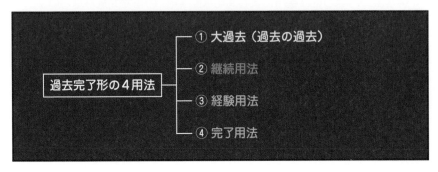

過去完了形の4用法
- ① 大過去（過去の過去）
- ② 継続用法
- ③ 経験用法
- ④ 完了用法

基本例文

① **I lost the watch that my father had bought for me.**
   私は、父が買ってくれた時計をなくしてしまった。

② **She had been in bed for two hours when I returned.**
   私が戻ったとき、彼女は2時間ベッドで寝ていた。

③ **He had eaten sushi before he came to Japan.**
   彼は日本に来るまでに、寿司を食べたことがあった。

④ **The class had already finished when she arrived.**
   彼女が着いたとき、その授業はすでに終わっていた。

　過去完了には、主に4つの用法があります。①は、**大過去**といって**過去の基準よりさらに過去**を指します。例文①では、「時計をなくした」過去の基準時よりも、「父が買ってくれた」がさらに過去になります。

　続いて、②〜④は、**現在完了の3用法をそのまま過去完了に移した表現**です。現在完了は現在が基準で、**過去完了は過去が基準**です。例文②は returned が過去の基準で、「それより2時間前からずっと寝ていた」という意味です。

　③は came to Japan が過去の基準で、「それより前に寿司を食べたことがあった」、④は arrived が過去の基準で、「そのときすでに終わっていた」となります。

日本文に合うように、空所に入る適切な語句の番号を選びなさい。

1 私は、母が買ってくれた財布をなくしてしまった。
　⇒ I lost my wallet that my mother（　　　）for me.
　　① has bought　　　　② had bought

2 彼が戻ってきたとき、私は2時間テレビを見ていた。
　⇒ I（　　　）watching television for two hours when he came back.
　　① had been　　　　② have been

3 私は20歳になるまで、ライオンを見たことがなかった。
　⇒ I（　　　）a lion before I was twenty years old.
　　① have never seen　　　② had never seen

　日本文に合うように、空所に与えられた文字から始まる適切な英単語を書きなさい。

4 そのプレゼントは、私が見たとき、開けられていた。
　⇒ The present（ **h**　　　）（ **b**　　　）（ **o**　　　）when I saw it.

5 彼が着いたとき、そのパーティーはすでに終わっていた。
　⇒ The party（ **h**　　　）already（ **f**　　　）when he arrived.

6 私は日本に来るまで、寿司を食べたことがなかった。
　⇒ I（ **h**　　　）never（ **e**　　　）sushi before I came to Japan.

解答は別冊010ページ

第25講 未来完了形

POINT これを覚える！

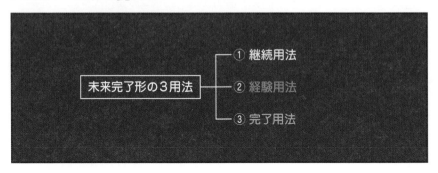

未来完了形の３用法 ── ① 継続用法
　　　　　　　　　 ── ② 経験用法
　　　　　　　　　 ── ③ 完了用法

基本例文

① I will have lived in Japan for three years next month.
　私は来月で日本に住んで３年になる。

② I will have been to Hawaii three times if I go there again.
　私はハワイに再び行くなら、３回目になる。

③ He will have finished the work by five tomorrow.
　彼は明日の５時までにその仕事を終えているだろう。

　未来完了は、未来の一点を基準に、それより以前から続く話です。現在完了が現在を基準としているのに対して、未来完了は未来を基準としています。

　例文①は、next month という未来の一点を基準として、「それより３年前から日本にずっと住んでいる」という文脈です。

　例文②は、if I go there again「再びそこに行く」という未来の一点を基準として、「３回ハワイに行くことになる」という文脈です。

　例文③は、five tomorrow「明日の５時」という未来の一点を基準として、「それまでに仕事を終えているだろう」という文脈です。

日本文に合うように、空所に入る適切な語句の番号を選びなさい。

1 私は次の4月で、東京に5年間住んでいることになる。
⇒ I (　　) in Tokyo for five years next April.
① have lived　　　　② will have lived

2 私は富士山に再び登るなら、2回目になる。
⇒ I (　　) Mt. Fuji twice if I climb it again.
① have climbed　　　② will have climbed

3 私は明日までにその報告書を書き終えているだろう。
⇒ I (　　) the report by tomorrow.
① will have written　② have written

日本文に合うように、空所に与えられた文字から始まる適切な英単語を書きなさい。

4 私は来月で、アメリカに住んで10年になる。
⇒ I (**w**　　　　) (**h**　　　　) (**l**　　　　) in America for ten years next month.

5 もう一度行くと、私はタイに2度訪問したことになる。
⇒ I (**w**　　　) (**h**　　　) (**v**　　　) Thailand twice if I go there again.

6 明日までには、その問題を解決しているだろう。
⇒ I (**w**　　　) (**h**　　　) solved the problem by (**t**　　　).

解答は別冊010ページ

POINT　これを覚える！

━━ 基本例文 ━━

① **I am traveling** abroad with my wife now.
私は今、妻と海外旅行の最中だ。

② **I was reading** a book then.
その時私は本を読んでいる最中だった。

③ **I will be watching** the movie this time tomorrow.
明日の今頃、私は映画を見ているところだろう。

　進行形は、**ある時点で何かをしている最中**と、**動作が進行中であること**を表します。それが今の瞬間なら① **現在進行形**で、過去のある時点なら② **過去進行形**で、未来のある時点なら③ **未来進行形**です。

　例文①は、**今海外旅行している最中**なので、**am traveling** とします。例文②は、**その時本を読んでいる最中**なので、**was reading** です。例文③は、**明日の今頃映画を見ている最中**なので、**will be watching** です。

　進行形はあくまで**動作が進行していること**を示し、**状態動詞**（状態を表す動詞）**とは相性がよくない**ので、一般的に状態動詞は進行形では使いません。

　状態動詞には **belong to**「〜に所属している」、**know**「〜を知っている」、**resemble**「〜に似ている」などがあります。

日本文に合うように、空所に入る適切な語（句）の番号を選びなさい。

1 彼は今、公園を散歩している最中だ。
⇒ He （　　） a walk in the park now.
① is taking　　② takes

2 あなたが電話してきたとき、私は夕食を食べている最中だった。
⇒ I （　　） when you called me.
① had dinner　　② was having dinner

3 私は明日の3時にあなたをお待ちしています。
⇒ I （　　） for you at three o'clock tomorrow.
① wait　　② will be waiting

日本文に合うように、空所に与えられた文字から始まる適切な英単語を書きなさい。

4 私は今、家族と夕食を食べているところです。
⇒ I （ a　　）（ e　　） dinner with my family now.

5 私はあなたが電話してきたとき、お風呂に入っているところだった。
⇒ I （ w　　）（ t　　） a bath when you called me.

6 私は来年のこの時期は、友人とヨーロッパを旅しているだろう。
⇒ I （ w　　）（ b　　）（ t　　） around Europe with my friend this time next year.

解答は別冊011ページ

第2章　時制　第26講　進行形

チェックテスト ▶▶▶ 第 **2** 章 時 制

問題

▌ Q. 1　現在時制はどんなときに使うか？　具体例も３つあげなさい。

▌ Q. 2　過去時制とセットでよく使う表現を４つあげなさい。

▌ Q. 3　英語の未来表現を２つあげなさい。

▌ Q. 4　英語で未来表現とセットで使う代表的な表現を２つあげなさい。

▌ Q. 5　完了形はどんな形で表すか？

▌ Q. 6　現在完了、過去完了、未来完了の違いは？

▌ Q. 7　現在完了、過去完了、未来完了の形は？

▌ Q. 8　完了形の継続用法と相性のよい表現を２つあげなさい。

▌ Q. 9　完了形の経験用法と相性のよい表現を３つあげなさい。

▌ Q. 10　完了形の完了・結果用法と相性のよい表現を３つあげなさい。

▌ Q. 11　過去完了だけが持つ、現在完了にはない用法は何か？

▌ Q. 12　進行形はどんな形で表すか？

▌ Q. 13　現在進行形、過去進行形、未来進行形の特徴は？

▌ Q. 14　進行形では通常使わない動詞の具体例を３つあげなさい。

A. 1　過去、現在、未来と安定して変わらない状況を表すときに使う。
現在の習慣、現在の状態、不変の真理

A. 2　yesterday「昨日」、last ～「この前の～」、～ ago「～前」、
when SV の V が過去時制

A. 3　will、*be* going to

A. 4　tomorrow「明日」、next ～「次の～」

A. 5　have＋過去分詞（p.p.）

A. 6　現在完了は現在を基準にしてそれ以前の出来事が影響を与える、過去完了
は過去を基準にしてそれ以前の出来事が影響を与える、未来完了は未来の
一点を基準にしてそれ以前の出来事が影響を与える

A. 7　現在完了は have p.p.、過去完了は had p.p.、未来完了は will have p.p.

A. 8　for ～「～の間」、since「～からずっと」

A. 9　never「一度も～ない」、ever「今までに」、～ times「～回」

A. 10　just「ちょうど」、already「すでに」、yet「（疑問文で）もう（～したか）」、
「（否定文で）まだ（～していない）」

A. 11　大過去（過去の過去）

A. 12　be 動詞＋*doing*

A. 13　現在～している最中、過去のあるときに～している最中、未来のあるとき
に～している最中を意味する表現

A. 14　belong to「～に所属している」、know「～を知っている」、resemble「～
に似ている」

時と条件の副詞節を攻略する!!

　英文法の世界には、**時と条件の副詞節**という重要ルールが存在します。具体的には、**when** や **if** などが作る副詞節の中では、未来のことであっても **will** を使わないというルールです。次の例文をご覧ください。

> ① **If it is fine tomorrow**, we will take a trip.
> 訳 もし明日晴れるなら、私たちは旅行に行くつもりだ。
>
> ② Give him this present **when he comes**.
> 訳 彼が来たら、このプレゼントを渡しておいて。

　例文①は、**If it is fine tomorrow**「明日晴れるなら」と未来の内容にもかかわらず、時と条件の副詞節内では未来のことでも **will** を使わないので、**is** を使います。例文②では、**when he comes**「彼が来たら」とこれから先の内容にもかかわらず、時と条件の副詞節内では **will** を使わないので、**comes** とします。次の例文に進みます。

> ③ I will be back **by the time you leave**.
> 訳 あなたが出るときまでには、戻ってくるつもりだ。
>
> ④ Please call me **as soon as you finish the work**.
> 訳 あなたが仕事を終えたらすぐに電話をください。

　続いて、③は **by the time ~**「~するときまでには」が、時の副詞節を作ります。よって、「あなたが出る」のはこれから先の話にもかかわらず、**will** を使わずに **leave** とします。最後の④は **as soon as ~**「~するとすぐに」が、時の副詞節を作ります。「仕事を終える」のはこれから先の話にもかかわらず、**will** を使わずに **finish** とします。

　まとめると、① **if**、② **when**、③ **by the time ~**「~するときまでには」、④ **as soon as ~**「~するとすぐに」のような**時と条件の副詞節**の中では、未来のことでも **will** を使わずに現在時制を使うとおさえておきましょう。

第3章

助動詞

助動詞の全体図

📍 文法用語の説明から

本編に入る前に、まず文法用語について確認しておきましょう。

用語	解説
助動詞	話し手の気持ちを表すもの。 can、must、should などのこと。
助動詞の代用表現	助動詞 can の代わりになる be able to などの表現のこと。
助動詞の重要表現	助動詞を用いた熟語のこと。 may well や would rather A than B などのこと。
助動詞+have p.p.	助動詞の後ろに have と過去分詞を置いて、過去の推量や後悔を表す表現。 should have p.p.「〜すべきだったのに」などのこと。
過去の推量	昔のことを想像して、どの程度の可能性があったかを考えること。「あのとき〜だったに違いない」、「あのとき〜だったかもしれない」などのこと。

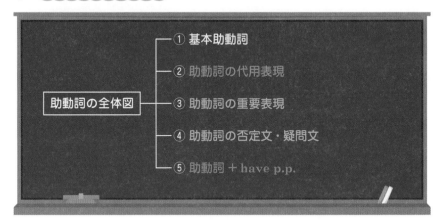

英文法の見取り図7　助動詞の全体図

助動詞の全体図
① **基本助動詞**
② 助動詞の代用表現
③ 助動詞の重要表現
④ 助動詞の否定文・疑問文
⑤ 助動詞 ＋ have p.p.

　動詞を**助**けると書いて、**動詞に話し手の気持ちを加える**のが、**助動詞**です。助動詞の最初のルールは、後ろを**必ず動詞の原形にすること**です。

　助動詞の全体像は、まずは① **基本助動詞**を覚えます。**must、can、will、should、may** などを理解します。

　次に、② **助動詞の代用表現**をおさえます。must ≒ **have to *do*** や can ≒ ***be* able to *do*** などです。続いて、③ **助動詞の重要表現**です。**may well**「〜するのももっともだ」や **would rather A than B**「Bよりむしろ A したい」などです。

　そして、④ **助動詞の否定文と疑問文**を理解します。**否定文は助動詞の後ろ**に not を置くので、**will not、must not** などとします。 **疑問文は助動詞 ＋主語 ＋ 動詞の原形**なので、**Will you tell 〜 ?** や **Must I do 〜 ?** とします。

　最後に、⑤ **助動詞 ＋ have p.p.** をおさえます。**助動詞の後ろに have と過去分詞を置く**ことで、**過去の推量（あのとき〜だったかもしれない）**や**過去の後悔（〜すべきではなかった）**などを表すことができます。

POINT これを覚える！

	① must（100%）	② should（80%）	③ can（60%）
義務 （許可）	〜しなければ ならない	〜すべきだ	〜してもよい
推量	〜に違いない	〜するはずだ	ありうる

✎ 基本例文

① **You must hurry up.** あなたは急がなければならない。
　You must be tired. あなたは疲れているに違いない。
② **You should go to bed early.** あなたは早く寝るべきだ。
　She should arrive here soon. 彼女はすぐにここへ到着するはずだ。
③ **You can drive this car.** あなたがこの車を運転してもいいよ。
　The story can be true. その話は真実の可能性がある。

　基本助動詞は、上の表のように① **must**、② **should**、③ **can** と強い順で理解します。この順に、パーセンテージはあくまで目安ですが、おおよその確信度が **100%→80%→60%** と弱くなります。

　助動詞には、**義務と推量**の2つの意味があります。① **must** は**約100%** で、**義務**だと「**〜しなければならない**」、**推量**だと「**〜に違いない**」です。

　続いて、② **should** も**約80%** と強めの表現で、**義務**だと「**〜すべきだ**」、**推量**だと「**〜するはずだ**」です。

　③ **can** は**約60%** 程度で、**義務（許可）**だと「**〜してもよい**」、または「**〜できる**」で、**推量**だと「**ありうる**」です。パーセンテージとは無関係に、単なる能力を示す「**できる**」の意味もあります。

日本文に合うように、空所に入る適切な語（句）の番号を選びなさい。

1 彼は30歳を超えているに違いない。
　⇒ He（　　　）over thirty.
　　　① must is　　　　② must be

2 あなたはもっと注意深くなるべきだ。
　⇒ You（　　　）be more careful.
　　　① should　　　　② can

3 ここでたばこを吸ってもいいよ。
　⇒ You（　　　）here.
　　　① can smoke　　　② must smoke

　日本文に合うように、空所に与えられた文字から始まる適切な英単語を書きなさい。

4 あなたは部屋をきれいにしておかなければならない。
　⇒ You（**m**　　　　　）keep your room clean.

5 誰でもミスをすることはありうる。
　⇒ Anyone（**c**　　　　　）make a mistake.

6 彼女は2時間後にここに到着するはずだ。
　⇒ She（**s**　　　　　）arrive here in two hours.

解答は別冊011ページ

第28講 基本助動詞 [50%→0%]

POINT これを覚える！

	① may（50%）	② might（30%）	③ cannot（0%）
義務（許可）	〜してもよい	（〜してもよい）	〜できない
推量	〜かもしれない	〜かもしれない	〜はずがない

基本例文

① **You may eat this cake.**
あなたはこのケーキを食べてもいいよ。

My mother may not be at home now.
母は今家にいないかもしれない。

② **It might snow this afternoon.**
今日の午後、雪が降るかもしれない。

③ **The story cannot be true.**
その話は本当のはずがない。

　続いて、弱めの助動詞です。① **may** は **50%** で半信半疑、**許可**なら「〜してもよい」、**推量**なら「〜かもしれない」です。例文①のように、**許可**の場合は、「**食べてもいいし、食べなくてもいいけど**」と**軽くすすめる感じ**です。

　② **might** は may よりさらに弱く、**30%** 程度の意味です。形は過去形ですが、過去の意味にはなりません。例文②のように、**推量「〜かもしれない」**の意味で使用されることがほとんどです。

　③ **cannot** は **0%** で「**〜はずがない**」、「**ありえない**」と推量の意味が大切です。can の推量が「ありうる」なので、否定にすると「ありえない」となります。

日本文に合うように、空所に入る適切な語（句）の番号を選びなさい。

1 あなたは1人で海外に行ってもよい。
⇒ You（　　　）go abroad alone.
　① must　　　　② may

2 私は風邪かもしれない。
⇒ I（　　　）have a cold.
　① should　　　② might

3 彼は30歳を超えているはずがない。
⇒ He（　　　）be over thirty.
　① may not　　　② cannot

日本文に合うように、空所に与えられた文字から始まる適切な英単語を書きなさい。

4 私はその会議に遅れるかもしれない。
⇒ I（**m**　　　　）be late for that meeting.

5 今日の午後、雨が降るかもしれない。
⇒ It（**m**　　　　）rain this afternoon.

6 彼は疲れているはずがない。
⇒ He（**c**　　　　）be tired.

解答は別冊011ページ

第3章　助動詞　第28講　基本助動詞［50%→0%］

POINT これを覚える！

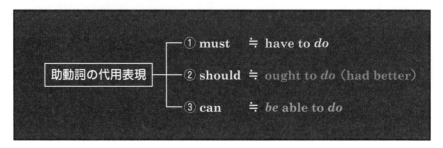

助動詞の代用表現
- ① must ≒ have to *do*
- ② should ≒ ought to *do*（had better）
- ③ can ≒ *be* able to *do*

基本例文

① **You have to do your homework.**
あなたは宿題をやらなければいけない。

② **You ought to finish your work by five.**
あなたは5時までに仕事を終えるべきだ。

You had better apologize to your father.
あなたは父親に謝ったほうがいい。

③ **He was able to pass the exam.**
彼はその試験に合格することができた。

　助動詞の代用表現は、① must の代用になる **have to *do***「〜しなければならない」から見ていきます。must との違いは、過去形にできる点です。must を過去形にはできないので、**過去の義務**を表すときは、**had to *do*** を使います。

　次は、② should の代わりの **ought to *do***「〜すべきだ」と **had better**「〜したほうがいい」です。**had better** は、特に **you** を主語にすると、**目上の人から目下の人へ警告する文脈**になります。

　最後が、③ can の代わりの ***be* able to *do***「〜できる」です。**未来の「〜できる」**は、will と can を同時に使えないので、**will be able to *do*** とします。**過去の「〜できた」**は、**was（were）able to *do*** とします。

日本文に合うように、空所に入る適切な語（句）の番号を選びなさい。

1 私は長い間待たなければならなかった。
⇒ I（　　）wait for a long time.
① must　　② had to

2 あなたはその考えを捨てるべきだ。
⇒ You（　　）give up the ideas.
① ought　　② ought to

3 私はあなたを助けてあげられるよ。
⇒ I will（　　）help you.
① can　　② be able to

日本文に合うように、空所に与えられた文字から始まる適切な英単語を書きなさい。

4 あなたはそのレストランでは、帽子を脱がなければならない。
⇒ You（ **h**　　　）to take off your hat in the restaurant.

5 あなたは自分の家族を助けるべきだ。
⇒ You（ **o**　　　）to help your family.

6 彼はその賞を取ることができた。
⇒ He was（ **a**　　　）to win the prize.

解答は別冊012ページ

第30講 助動詞の重要表現

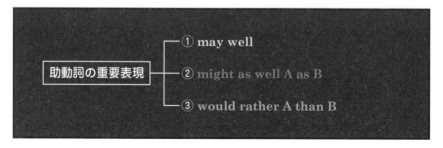

POINT これを覚える！

```
                    ┌── ① may well
   助動詞の重要表現 ───── ② might as well A as B
                    └── ③ would rather A than B
```

◆ 基本例文

① **You may well be late.**　　あなたはおそらく遅刻するだろう。
　He may well get angry.　彼が怒るのももっともだ。
② **You might as well throw your money away as lend it to him.**
　あなたが彼にお金を貸すのは、捨てるようなものだ。
③ **I would rather go shopping than study this afternoon.**
　私は今日の午後は、勉強するよりもむしろ買い物に行きたい。

　助動詞の重要表現には、① **may well**「**おそらく〜だろう**」・「**〜するのももっともだ**」があります。

　may well の2つの意味は、もともとの may の**推量**「**かもしれない**」と**許可**「**してもよい**」からきています。well をつけると意味が強まるので、推量は「**たぶん〜だろう**」、許可は「**〜するのももっともだ**」になります。

　次に、② **might as well A as B** は、**B に問題となる行為**をあげて、「**それは A と同じくらいひどい**」という文脈で使います。そこから、「**B するのは A するようなものだ**」となります。

　最後の③ **would rather A than B** は、**would** が願望「**〜したい**」を表します。**rather A than B**「**B よりむしろ A**」を加えると、**would rather A than B**「**B よりむしろ A したい**」となります。

日本文に合うように、空所に入る適切な語（句）の番号を選びなさい。

1 あなたがそう言うのももっともだ。
⇒ You （　　） say that.
① ought　　② may well

2 そんな物を買うのはお金を捨てるようなものだ。
⇒ You （　　） throw your money away as buy such a thing.
① may well　　　② might as well

3 私は外出するよりむしろ家にいたい。
⇒ I （　　） stay home than go out.
① would rather　　② would like to

日本文に合うように、空所に与えられた文字から始まる適切な英単語を書きなさい。

4 彼女は試験の後で、たぶん疲れているのだろう。
⇒ She （ **m**　　）（ **w**　　） be tired after the exam.

5 彼に話すのは、壁に話しかけているようなものだ。
⇒ You （ **m**　　）（ **a**　　）（ **w**　　） talk to the wall as talk to him.

6 私はここに残るよりもむしろ出かけたい。
⇒ I （ **w**　　）（ **r**　　） go than stay here.

解答は別冊012ページ

第31講 助動詞の否定文

POINT これを覚える！

助動詞の否定文 ── ① must not と don't have to *do* の区別
　　　　　　　── ② had better と ought to *do* の not の位置
　　　　　　　── ③ will not は拒絶の意味

基本例文

① **You must not travel abroad.** 　あなたは海外旅行をしてはいけない。
　You don't have to go there. 　　あなたはそこに行かなくてもよい。
② **You had better not do it.** 　あなたはそれをしないほうがよい。
　You ought not to say that. あなたはそんなことを言うべきではない。
③ **I will not go there alone.** 　私は1人では絶対にそこに行かない。

　助動詞の否定文は、**助動詞の後ろに not を置く**。これが基本です。will not、must not、should not とします。注意が必要なのが、① **must not** と **don't have to *do*** の意味の違いです。まず、**must not** は「～してはいけない（禁止）」です。一方で、**don't have to *do*** は「～しなくてもよい（不要）」です。

　続いて、② **had better** と **ought to *do*** の否定形です。**had better** は **had better not *do*** 「～しないほうがいい」です。ought to は、**ought not to *do*** 「～するべきではない」です。

　最後に、③ will の否定形 **will not** が「**絶対に～しない**」という**拒絶**の意味になることが重要です。The door **will not** open.「ドアが**どうしても開かない**」のように無生物主語をとって「**どうしても～しない**」と使われることが多いのでおさえておきましょう。

日本文に合うように、空所に入る適切な語句の番号を選びなさい。

1 あなたはこの本を買わなくてもよかった。
⇒ You （　　） buy this book.
① didn't have to　　② must not

2 あなたはそんなにお酒を飲むべきではない。
⇒ You （　　） drink so much.
① didn't ought to　　② ought not to

3 彼らは私の話を聞こうとしない。
⇒ They （　　） listen to me.
① must not　　② will not

日本文に合うように、空所に与えられた文字から始まる適切な英単語を書きなさい。

4 あなたはそこに1人で行ってはいけない。
⇒ You （ **m**　　　） （ **n**　　　） go there alone.

5 あなたはそこで働かないほうがよい。
⇒ You （ **h**　　） （ **b**　　） （ **n**　　） work there.

6 ドアを強く押しているが、どうしても開かない。
⇒ I am pushing the door hard, but it （ **w**　　） （ **n**　　） open.

解答は別冊012ページ

POINT これを覚える！

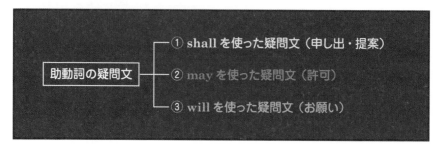

助動詞の疑問文 ── ① shall を使った疑問文（申し出・提案）
　　　　　　　── ② may を使った疑問文（許可）
　　　　　　　── ③ will を使った疑問文（お願い）

✎ 基本例文

① **Shall I** open the window?　（私が）窓を開けましょうか？
　Shall we dance?　一緒に踊りませんか？
② **May I** have your name?　お名前を教えていただけますか？
③ **Will you please** tell me how to get to the station?
　駅への行き方を教えてくれますか？

助動詞の疑問文は、**助動詞 + 主語 + 動詞の原形〜？**とします。例えば、Will you tell 〜 ?、Must I do 〜 ?、Should I open 〜 ? とします。まず、① **shall を使った疑問文**を見ていきます。

Shall I 〜 ?は「私が〜しましょうか？」と手助けを申し出る文脈で使います。Shall we 〜 ?は「一緒に〜しませんか？」と提案するときに使います。

次に、② **May I 〜 ?は許可を求める**丁寧な表現です。例えば、**店員が客**に「お手伝いしましょうか？」という **May I** help you? や、**丁寧に名前をたずねたいときに使う May I** have your name? などがあります。

最後に、③ **Will you please 〜 ?** という**相手にお願いをする表現**です。please を入れることで丁寧になりますが、**Would you please 〜 ?** にすると、さらに**丁寧な表現**になります。

日本文に合うように、空所に入る適切な語の番号を選びなさい。

1 （私が）窓を開けましょうか？

⇒（　　　）I open the window?

　① Will　　　② Shall

2 お手伝いしましょうか？

⇒（　　　）I help you?

　① Must　　② May

3 僕と結婚してくれますか？

⇒（　　　）you marry me?

　① Will　　　② Shall

　日本文に合うように、空所に与えられた文字から始まる適切な英単語を書きなさい。

4 一緒に踊りませんか？

⇒（**S**　　　　）（**w**　　　　）dance?

5 お名前を教えていただけますか？

⇒（**M**　　　　）I have your name?

6 （あなたは）パーティーに来ていただけますか？

⇒（**W**　　　　）（**y**　　　　）please come to the party?

解答は別冊013ページ

第33講 助動詞＋have p.p.（過去の推量）

POINT これを覚える！

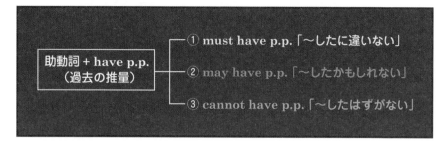

助動詞 + have p.p.
（過去の推量）

① must have p.p.「～したに違いない」

② may have p.p.「～したかもしれない」

③ cannot have p.p.「～したはずがない」

基本例文

① **He must have been** sick in bed yesterday.
彼は昨日、病気で寝ていたに違いない。

② **She may have left** her wallet on the train.
彼女は財布を電車に置き忘れたかもしれない。

③ **He cannot have finished** his homework so soon.
彼はそんなにすぐに宿題を終えたはずがない。

助動詞 + have p.p. は、2種類に分かれます。**過去の推量（可能性）と過去の後悔や愚痴**です。まずは、過去の推量から取り上げます。

①の must は推量では「～に違いない」なので、**must have p.p. は「～したに違いない」**です。例文①のように、**過去のことを確信をもって伝える文脈**で使います。

②の may は推量では「～かもしれない」なので、**may have p.p. は「～したかもしれない」**です。例文②のように、**過去のことを半信半疑で思い出す文脈**で使います。

最後の③ cannot は推量では「～はずがない」なので、**cannot have p.p.「～したはずがない」**です。例文③のように、**過去のことを絶対ありえないと思う文脈**で使います。**couldn't have p.p.** も近い意味の表現です。

日本文に合うように、空所に入る適切な語句の番号を選びなさい。

1 彼女はオフィスを出たかもしれない。
⇒ She （ 　　 ） the office.
① may leave 　　　　　 ② may have left

2 彼はその時、酔っぱらっていたに違いない。
⇒ He （ 　　 ） then.
① must be drunk 　　　 ② must have been drunk

3 彼は病気で寝ていたはずがない。
⇒ He （ 　　 ） sick in bed.
① cannot have been 　　 ② cannot be

日本文に合うように、空所に与えられた文字から始まる適切な英単語を書きなさい。

4 私は携帯電話を電車に忘れてきたかもしれない。
⇒ I （ m 　　　 ）（ h 　　　 ）（ l 　　　 ） my mobile phone on the train.

5 彼女は昨日、具合が悪かったに違いない。
⇒ She （ m 　　　 ）（ h 　　　 ）（ b 　　　 ） sick yesterday.

6 彼は会社にいたはずがない。
⇒ He （ c 　　　 ）（ h 　　　 ）（ b 　　　 ） in the office.

解答は別冊013ページ

POINT これを覚える！

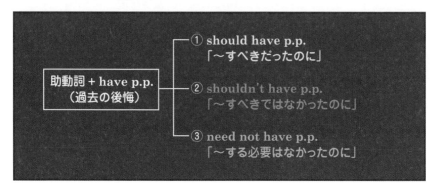

助動詞 + have p.p.
（過去の後悔）

① should have p.p.
「〜すべきだったのに」

② shouldn't have p.p.
「〜すべきではなかったのに」

③ need not have p.p.
「〜する必要はなかったのに」

✎ 基本例文

① **You should have come to the party.**
あなたはそのパーティーに来るべきだったのに。

② **You should not have drunk so much.**
あなたはそんなにたくさんお酒を飲むべきではなかったのに。

③ **You need not have come at 6 o'clock.**
あなたは6時に来る必要はなかったのに。

　助動詞 + have p.p. の**過去の後悔や嫌みを見ていきます。① should have p.p.** は、「**〜すべきだったのに**」です。過去を後悔する文脈で、「**〜すべきだったのに（なんでしなかったの！）**」というニュアンスです。

　この should have p.p. を否定形にすると、② **should not have p.p.**「**〜すべきではなかったのに**」となります。「そんなことするべきじゃなかったのに」という**過去の後悔や嫌みの文脈**で使います。

　最後は、③ **need not have p.p.**「**〜する必要はなかったのに**」です。「そんなことしなくてもよかったのに」という文脈で使います。

日本文に合うように、空所に入る適切な語句の番号を選びなさい。

1 彼はハワイに行くべきだったのに。
⇒ He （　　　） to Hawaii.
① should go　　　　　② should have gone

2 あなたは彼女にそんなことを言うべきではなかったのに。
⇒ You （　　　） such a thing to her.
① should not have said　　② should have said

3 あなたはその仕事をする必要はなかったのに。
⇒ You （　　　） the work.
① need have done　　　　② need not have done

日本文に合うように、空所に与えられた文字から始まる適切な英単語を書きなさい。

4 あなたはうちに来るべきだったのに。
⇒ You （ **s**　　　）（ **h**　　　）（ **c**　　　） to my house.

5 あなたは彼をそこへ連れて行くべきではなかったのに。
⇒ You （ **s**　　　）（ **n**　　　）（ **h**　　　） taken him there.

6 あなたはそこに行く必要はなかったのに。
⇒ You （ **n**　　　）（ **n**　　　）（ **h**　　　） gone there.

解答は別冊013ページ

問題

| Q. 1 | 助動詞の後ろには何が来る？ |

| Q. 2 | must の意味を2つあげなさい。 |

| Q. 3 | should の意味を2つあげなさい。 |

| Q. 4 | can の意味を2つあげなさい。 |

| Q. 5 | may の意味を2つあげなさい。 |

| Q. 6 | might の意味は？ |

| Q. 7 | cannot の意味を2つあげなさい。 |

| Q. 8 | must と同じ意味の表現を答えなさい。 |

| Q. 9 | should と同じ意味の表現を2つあげなさい。 |

| Q. 10 | can と同じ意味の表現は？ |

| Q. 11 | must not と don't have to *do* の違いは？ |

| Q. 12 | may well の意味を2つあげなさい。 |

| Q. 13 | might as well A as B の意味は？ |

| Q. 14 | would rather A than B の意味は？ |

| Q. 15 | had better と ought to *do* の否定形は？ |

| Q. 16 | will not の意味は？ |

| Q. 17 | 助動詞を使って過去の推量や後悔を表すにはどうしたらよい？ |

| Q. 18 | must have p.p. の意味は？ |

| Q. 19 | may have p.p. の意味は？ |

| Q. 20 | should have p.p. の意味は？ |

A. 1 　動詞の原形

A. 2 　「～しなければならない」、「～に違いない」

A. 3 　「～すべきだ」、「～するはずだ」

A. 4 　「～してもよい（できる）」、「ありうる」

A. 5 　「～してもよい」、「～かもしれない」

A. 6 　「～かもしれない」

A. 7 　「ありえない」、「～できない」

A. 8 　have to *do*「～しなければならない」

A. 9 　ought to *do*「～すべきだ」、had better「～したほうがいい」

A. 10 　*be* able to *do*「～できる」

A. 11 　must not が【禁止】「～してはいけない」、don't have to *do* が【不要】「～
　　　しなくてもよい」の意味

A. 12 　「～するのももっともだ」、「たぶん～だろう」

A. 13 　「B するのは A するようなものだ」

A. 14 　「B するよりむしろ A したい」

A. 15 　had better not *do*「～しないほうがいい」、ought not to *do*「～する
　　　べきではない」

A. 16 　【拒絶】「絶対に～しない」

A. 17 　助動詞の後ろに have p.p. を置く

A. 18 　「～したに違いない」

A. 19 　「～したかもしれない」

A. 20 　「～すべきだったのに」

命令・要求・提案の that 節とは？

英文法の世界でとても重要なのが、**命令・要求・提案の that 節では動詞の原形か should ＋ 動詞の原形を使う**というルールです。例えば、**suggest**「提案する」の目的語にあたる that 節内では、動詞の原形か should ＋ 動詞の原形を使うというルールになります。下の例文をご覧ください。

> **例** I **suggested that** he **start** it early.
> **訳** 私は彼が早くそれを始めるように提案した。

上の文では、**suggest の目的語である that 節の中で、動詞である start の原形**が使われています。that 節内で動詞の原形が使われるのがアメリカ英語で、that 節内で should ＋ 動詞の原形が使われるのがイギリス英語です。

このルールの最大の特徴は、上の例文のように **suggested** が過去形で、本来時制の一致というルールから that 節の中の動詞も過去形にすべきなのに、そのルールをも破るのが**命令・要求・提案の that 節**というルールです。

ちなみに、**suggest** 以外に、上記のルールが適用される動詞をいくつかあげると、「命令する」は **order** です。「要求する」は **demand** と **request** をおさえます。「提案する」は **suggest** 以外にも、**propose** をおさえておきましょう。まだ基本的な動詞ばかりですが、学習を進めていきながら、**命令・要求・提案の that 節**をとるこれ以外の動詞も覚えていきましょう。

命令・要求・提案の that 節を作る動詞	
命令する	**order**
要求する	**demand**、**request**
提案する	**suggest**、**propose**

仮定法

英文の種類と仮定法の全体図

📍 文法用語の説明から

本編に入る前に、まず文法用語について確認しておきましょう。

用 語	解 説
仮定法（かていほう）	**妄想の世界を説明する表現。** If I were a bird, I could fly in the sky. 「もし私が鳥なら、空を飛べるのに」などの文。
仮定法過去（かていほうかこ）	仮定法での時制の1つ。**現在の妄想**を説明する表現。 If I were a bird, I could fly in the sky. は、現在の妄想なので、仮定法過去。
仮定法過去完了（かていほうかこかんりょう）	仮定法での時制の1つ。**過去の妄想**を説明する表現。 If I had studied harder then, I could have passed the exam. 「もしそのときもっと勉強していたら、その試験に合格できたのに」などの文。
仮定法未来（かていほうみらい）	未来の妄想の表現。If the sun were to disappear, what would happen?「もし太陽が消えたら、どうなるだろうか？」などの文。
if 節（いふせつ）	If I were a bird, I could fly in the sky. の、If ～ bird「もし私が鳥なら」という意味のカタマリのこと。この意味のカタマリを「**if節**」と呼ぶ。
主節（しゅせつ）	If I were a bird, I could fly in the sky. の、I could ～ sky「私は空を飛べるのに」という意味のカタマリのこと。文の中心なので、「**主節**」と呼ばれる。

📍 **英文法の見取り図 8** 英文の種類②

✎ **基本例文**

① **I am an English teacher.**
   私は英語の教師です。

② **If I were a bird, I could fly in the sky.**
   もし私が鳥なら、空を飛べるのに。

③ **Do it at once.**
   すぐにそれをやりなさい。

　英語の文を、事実かそうでないかという切り口で分けると、上のように3つに分けることができます。

　1つ目が① **直説法**です。直説法とは、**一般的な英文**のことです。例えば、例文①のような単なる事実を述べる英文のことです。

　次に② **仮定法**です。これは、**事実や現実に反する内容**を述べる表現方法です。例文②のような文が仮定法です。実際には、自分は鳥ではないので、空を飛ぶことができません。

　最後が、③ **命令法**です。**命令文**と思えばよいでしょう。例文③のように、動詞の原形を文頭に持ってきて使います。この3つの分類の中の**仮定法**が、この章のテーマです。

♀ 英文法の見取り図9　仮定法の全体図

仮定法　—— ① 仮定法過去　　　⇒　現在の妄想
　　　　　—— ② 仮定法過去完了　⇒　過去の妄想
　　　　　—— ③ 仮定法未来　　　⇒　未来の妄想

✎ 基本例文 ▸

① **If I were you, I would never do such a thing.**
　もし私があなたなら、決してそんなことをしないでしょう。

② **If I had known her address, I could have visited her.**
　もし私が彼女の住所を知っていたら、彼女のもとを訪ねることができたのに。

③ **If the sun were to disappear tomorrow, what would happen?**
　もし明日太陽が消えるなら、何が起こるだろうか？

　仮定法とは、いわゆる**妄想の世界の表現**です。仮定法は、「学生時代に帰れたらなあ」とか、「あの時、こっちの道を選んでいたらなあ」という妄想を英語で表すときのルールです。

　仮定法の世界では、大きく3つの時制が存在します。上の基本例文のように、現在の妄想に関する表現の① **仮定法過去**、過去の妄想・愚痴に関する表現の② **仮定法過去完了**、未来の妄想に関する③ **仮定法未来**です。

　①～③すべてに共通するのが、would, could, should などの**助動詞の過去形**を使用することです。これが、仮定法の最大の特徴です。

　現在の妄想なら過去形、**過去の妄想なら過去完了形**を使うように、時制を本来のものから1つずらすことで、妄想の合図としていることに注意しましょう。

仮定法でなぜ過去形を使うか？

If I **were** you, I would not say such a thing. は、仮定法の表現です。

「もし私があなたの立場なら、そんなことは言わないだろう」という訳ですが、**現在の妄想**を述べています。

ここで、上の英文の太字の単語に着目してください。過去形が使われています。なぜ、**現在の話**なのに、**仮定法では過去形を使う**のでしょうか。それには、**英語の過去形の本質**を理解する必要があります。

次の日本語を英作文してみてください。海外で道に迷ったときの表現です。
「駅への道のりを教えていただけますか？」

Can you tell me the way to the station? だと、少しぶしつけな感じが相手に伝わってしまいます。道をたずねるのは初対面の人でしょうから、**Could** you tell me the way to the station? がおすすめの表現です。

ここで、Could に着目しましょう。could は can の過去形ですが、日本語訳でわかるように、「過去の意味」を表しているわけではありません。それでは、ここでのCould は、何を表しているのでしょうか。

英語の過去形の本質は、**「距離感」**です。can よりも could を使うことで、「相手との距離感」が生まれるため、**丁寧な表現**になります。ここでの could は過去の意味ではなくて、**「丁寧さ」**を表しています。

では、If I were you, I would not say such a thing. に話を戻しましょう。ここでのwere も**過去形**なので、**「距離感」**が出ています。ここでの距離感とは、**「現実との距離感」**です。

「現実との距離感」が生まれれば、**「非現実性」**を伝えることができます。wereを使うことで、「現実には私はあなたにはなれないけれど、仮になれるとしたら」という意味が込められています。

そして、主語の I に対して通常使う was ではなくて were を使うことで、通常の過去の意味ではなくて、**仮定法での過去形だよ！**というメッセージにもなっています。

第35講 仮定法過去、仮定法過去完了

POINT これを覚える！

	①本来の時制	②if節の特徴	③主節の特徴
仮定法過去	現在	過去形	助動詞の過去形 ＋動詞の原形
仮定法過去完了	過去	過去完了形	助動詞の過去形 ＋ have p.p.

基本例文

· If I were you, I would go there.
もし私があなたの立場なら、そこに行くのに。

· If I had known her address, I could have visited her.
もし私が彼女の住所を知っていたら、彼女のもとを訪ねることができたのに。

　仮定法過去は、① **現在の妄想**であることを理解します。例文①も、「私があなたなら」と現在の妄想を表現します。次に、仮定法過去では② **if節は過去形**、③ **主節は助動詞の過去形 ＋ 動詞の原形**を使います。仮定法過去での **be 動詞は、一般的に were を使う**ので注意が必要です。主語が I でも、was ではなくて were を使います。

　仮定法過去完了は、① **過去の妄想**であることを理解します。例文も、「住所を知っていたなら」と過去の妄想です。続いて、② **if 節では過去完了形**、③ **主節では助動詞の過去形＋have p.p.** を使います。

　仮定法は、妄想の話だよという合図で、時制を１つずらして古いものを使います。よって、**現在の妄想**なら過去形、**過去の妄想**なら過去完了形を使うことをおさえておきましょう。

日本文に合うように、空所に入る適切な語（句）の番号を選びなさい。

1 もし彼女がここにいれば、私はもっと幸せだろうに。
⇒ If she （　　　） here, I would be happier.
① is　　　　　　　　② were

2 もし私があなたなら、そこには行かないよ。
⇒ If I were you, I （　　　） there.
① will never go　　② would never go

3 もし私が彼の話を知っていたなら、そんなことを言わなかったのに。
⇒ If I had known his story, I （　　　） such a thing.
① would not say　　② would not have said

日本文に合うように、空所に与えられた文字から始まる適切な英単語を書きなさい。

4 もし私があなたなら、彼女のことを待つのに。
⇒ If I （ **w**　　　） you, I （ **w**　　　） wait for her.

5 私が日本にいるなら、そんなふうには振る舞わないよ。
⇒ I （ **w**　　　）（ **n**　　　） act that way if I （ **w**　　　） in Japan.

6 家族と一緒にいたなら、そんなことをしなかったのに。
⇒ If I （ **h**　　　）（ **b**　　　） with my family, I （ **w**　　　）（ **n**　　　）（ **h**　　　） done such a thing.

解答は別冊014ページ

第36講 仮定法の時制のミックス

POINT これを覚える！

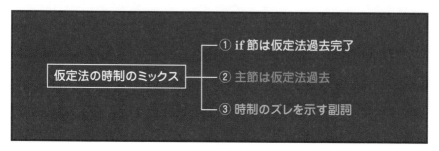

仮定法の時制のミックス ── ① if 節は仮定法過去完了
 ── ② 主節は仮定法過去
 ── ③ 時制のズレを示す副詞

- 基本例文 -

If you had worked harder then, you would be happier now.
もしあなたがあの時もっと頑張って仕事をしていたら、今頃もっと幸せだろうに。

　仮定法の時制のミックスは、① **if 節が仮定法過去完了**で、② **主節が仮定法過去**の場合です。すなわち、**if 節が過去の話**で、**主節が現在の話**です。「**あのとき〜していたら、今頃…だろうに**」という妄想で、日本語でもおなじみの発想です。

　仮定法過去と仮定法過去完了のミックスは、① **if 節では過去完了形**、② **主節では助動詞の過去形 ＋ 動詞の原形**を使います。上の例文では if 節に **had worked**、主節に **would be** を使っています。

　このミックス型のポイントは、時制のズレ（if 節は仮定法過去完了・主節は仮定法過去）を示すために、③ **副詞**がよく使われることです。上の例文でも、if 節に**過去を示す then**、主節に**現在を示す now** があります。

仮定法の時制のミックスの合図となる副詞

if 節（過去を表す表現）	主節（現在を表す表現）
then ／at that time ／yesterday ／in those days	now

日本文に合うように、空所に入る適切な語（句）の番号を選びなさい。

1 もしあなたがあの時彼と結婚していたら、今頃もっと幸せだろうに。
⇒ If you（　　　）him at that time, you would be happier now.
　　① had married　　② married

2 もし私がその時彼のアドバイスを聞いていたら、今絶対にそこに行かないだろうに。
⇒ If I had taken his advice then, I（　　　）there now.
　　① will never go　　② would never go

3 私はあの時たばこをやめていたら、今頃もっと健康だろうに。
⇒ If I（　　　）smoking then, I would be healthier now.
　　① stopped　　② had stopped

日本文に合うように、空所に与えられた文字から始まる適切な英単語を書きなさい。

4 もしあなたが彼女に嘘を言っていなかったら、彼女は今頃怒っていなかったろうに。
⇒ If you（ **h**　　　）（ **n**　　　）（ **l**　　　）to her, she wouldn't be angry now.

5 もし私が昨日あなたの言うことを聞いていたら、今頃もっと幸せだろうに。
⇒ If I（ **h**　　　）（ **t**　　　）your advice yesterday, I（ **w**　　　）（ **b**　　　）happier now.

解答は別冊014ページ

POINT　これを覚える！

仮定法未来の種類 ── ① if 節に were to *do* 「仮に〜なら」
　　　　　　　　 └─ ② if 節に should ＋ 動詞の原形

✎ 基本例文

① **If the sun were to rise in the west, what would you do?**
　仮に太陽が西から昇ったら、あなたはどうするだろうか？

② **If anyone should visit me, tell them I'll be back soon.**
　万が一誰かが私を訪ねてきたら、すぐ戻ると伝えておいて。

　If you should be late again, you will lose your job.
　万が一再び遅刻したら、あなたは職を失うことになるよ。

　If it should snow tomorrow, the game would be postponed.
　万が一明日雪が降ったら、試合は延期されるでしょう。

　仮定法未来は、① if 節に **were to *do*** を使うもの、② if 節に **should ＋ 動詞の原形**を使うものがあります。まずは、①から見ていきましょう。

　were to *do* は仮定法未来なので、これから先の話です。**実現性がない、あるいは実現性が乏しい**と話者が考えている妄想によく使います。一番上の例文も、「太陽が西から昇る」というありえない話で were to *do* を使っています。

　② if 節に **should ＋ 動詞の原形**を使う場合も、**未来の内容**を表します。上の2つの例文は、誰かが訪ねてくる可能性、遅刻する可能性があると想定しており、厳密には仮定法の表現ではないので、主節に助動詞の過去形は使いません。

　一方で、最後の文のように、基本的には起こらないだろうと話し手が考えている場合は、**仮定法**の表現として、主節に**助動詞の過去形**を使います。

日本文に合うように、空所に入る適切な語（句）の番号を選びなさい。

1 私の留守中に、万が一何かが起きたら、私に知らせてください。
　⇒ If anything（　　　）while I'm out, please let me know.
　　① should happen　　② happens

2 もし太陽が明日なくなったら、世界はどうなるだろうか？
　⇒ If the sun（　　　）tomorrow, what would happen to the world?
　　① disappears　　② were to disappear

3 万が一彼女が来たら、私に電話をするように言っておいて。
　⇒ If she（　　　）, tell her to call me.
　　① should come　　② comes

　日本文に合うように、空所に与えられた文字から始まる適切な英単語を書きなさい。

4 万が一誰かが電話してきても、私は外出中だと伝えてください。
　⇒ If anyone（ **s** 　　　）call me,（ **t** 　　　）them I'm out.

5 仮に戦争が起きたら、どうしますか？
　⇒ If war（ **w** 　　　）（ **t** 　　　）break out, what（ **w** 　　　）you do?

解答は別冊014ページ

仮定法の重要表現

英文法の見取り図 10 仮定法の重要表現

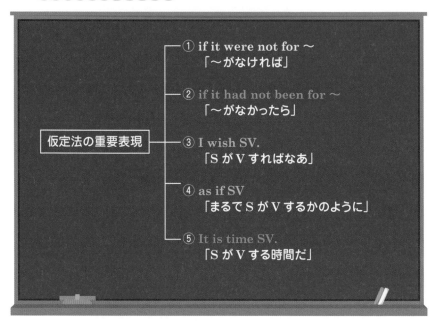

仮定法の重要表現
- ① if it were not for ～
  「～がなければ」
- ② if it had not been for ～
  「～がなかったら」
- ③ I wish SV.
  「S が V すればなあ」
- ④ as if SV
  「まるで S が V するかのように」
- ⑤ It is time SV.
  「S が V する時間だ」

— 基本例文 —

① **If it were not for** water, we could not live.
水がなければ、私たちは生きていけないだろう。

② **If it had not been for** your help, I could not have succeeded.
あなたの助けがなかったら、私は成功できなかっただろうに。

③ **I wish** I had a car.
車を持っていたらなあ。

④ He speaks **as if** I were a child.
彼は、まるで私が子どもであるかのように話をする。

⑤ **It is time** you came home.
もう家に帰る時間だ。

仮定法の重要表現を整理します。まずは、① **if it were not for ～**「**～が なければ**」です。**仮定法過去**で、例文①のように、**現在の妄想**です。

　次に、② **if it had not been for ～**「**～がなかったら**」です。**仮定法過去 完了**で、例文②のように**過去の妄想**です。

　続いて、③ **I wish SV.** です。「私は S が V するのを望む」で、簡単に訳す と、「**S が V すればなあ**」と**実現しそうにない願望**を表します。例文③のよう に、実現しそうにないとわかっているので、仮定法の表現です。

　さらに、④ **as if SV**「**まるで S が V するかのように**」という表現です。例 文④のように、「まるで子どものように」とか、「まるで外国人のように」といっ た**たとえ話**で使います。実際には違うので、仮定法の表現になります。

　最後に、⑤ **It is time SV.**「**S が V する時間だ**」です。例文⑤のように、 「もう帰る時間だ」とか、「もう寝る時間だ」、というように、**まだ実行に移せて いない、かつ、これから実行に移すべき文脈**で使います。

　次のページから、一つひとつの表現を詳しく見ていきます。

POINT これを覚える!

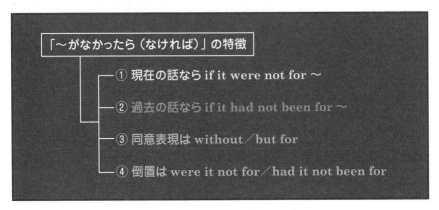

「〜がなかったら（なければ）」の特徴

① 現在の話なら if it were not for 〜

② 過去の話なら if it had not been for 〜

③ 同意表現は without／but for

④ 倒置は were it not for／had it not been for

基本例文

① **If it were not for** water, we could not live.
水がなければ、私たちは生きていけないだろう。

② **If it had not been for** your help, I could not have succeeded.
あなたの助けがなかったら、私は成功できなかっただろうに。

まずは、「〜がなかったら（なければ）」の表現は、① **if it were not for 〜**、
② **if it had not been for 〜**があります。

①は were という過去形、②は had not been という過去完了形に着目しま
す。すると、① が**仮定法過去（現在の話）**、②が**仮定法過去完了（過去の話）**
とわかります。

そして、③ 同意表現の **without 〜**、**but for 〜**「〜がなかったら」を覚え
ます。

最後に、④ 倒置です。**if を消して、疑問文の語順**にします。if it were not
for 〜 ⇒ **were it not for 〜**、if it had not been for 〜 ⇒ **had it not
been for 〜**になります。

日本文に合うように、空所に入る適切な語（句）の番号を選びなさい。

1 携帯電話がなければ、私は生きていけないよ。
　⇒ If it （　　） not for my cell phone, I could not live.
　　① had　　　　　　② were

2 あなたの助言がなかったら、私は成功できなかっただろうに。
　⇒ If it （　　） for your advice, I could not have succeeded.
　　① had not been　　② were not

3 あなたの助けがなかったら、私はその仕事を終えられなかった。
　⇒ （　　） your help, I could not have finished the task.
　　① Without　　　　② But

日本文に合うように、空所に与えられた文字から始まる適切な英単語を書きなさい。

4 あなたの助けがなかったら、私たちはうまくいかなかっただろう。
　⇒ We wouldn't have succeeded （ **b**　　　）（ **f**　　　） your help.

5 水がなければ、私たちは生きていけないだろう。
　⇒ （ **I**　　　）（ **i**　　　）（ **w**　　　）（ **n**　　　）（ **f**　　　）
　water, we could not live.

解答は別冊015ページ

第39講 I wish SV.

POINT これを覚える！

I wish SV. の特徴 ── ① 「S が V すればなあ」
　　　　　　　　　　── ② V の時制を１つ古いほうにずらす！

🖊 基本例文

- I hope I will have a date with her.
  彼女とデートをしたいなあ。
- I wish I **had** a date with her.
  彼女とデートできたらなあ。
- I wish I **could buy** that car.
  あの車を買えたらなあ。
- I wish I **could have traveled** abroad then.
  あの時、海外旅行に行けていたらなあ。

　まずは、① I wish SV. の訳「**S が V すればなあ**」を理解します。続いて、基本例文の上の２つの文を比べてみましょう。日本語にすると、同じように見えますが、最初の文は直説法です。I hope SV. は、**実際にできる可能性がある**と思って使います。一方で、**絶対無理だろう**という願いには、I wish SV. を使います。

　続いて、② **本来の時制より１つ古い時制**を使います。**現在の妄想なら過去形、過去の妄想なら過去完了形**を使います。なお、I wish SV の V の位置に、基本例文の下の２つの文のように **could ＋ 動詞の原形**、**could have p.p.** が使われることもあるのでおさえておきましょう。

日本文に合うように、空所に入る適切な語の番号を選びなさい。

1 彼の電話番号を知っていればなあ。
　⇒ I wish I (　　) his phone number.
　① know　　　　② knew

2 これを気に入ってくれるといいなあ。
　⇒ I hope you (　　) this.
　① like　　　　② liked

3 そのチケットを買っていたらなあ。
　⇒ I (　　) I had bought the ticket.
　① wish　　　　② hope

　日本文に合うように、空所に与えられた文字から始まる適切な英単語を書きなさい。

4 100万円あったらなあ。
　⇒ I (**w**　　) I (**h**　　) a million yen.

5 その時もっとお金があったらなあ。
　⇒ I (**w**　　) I (**h**　　) (**h**　　) more money at that time.

解答は別冊015ページ

第40講 as if SV

POINT これを覚える！

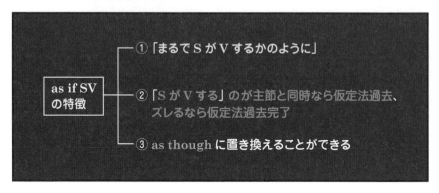

as if SV の特徴

① 「まるで S が V するかのように」

② 「S が V する」のが主節と同時なら仮定法過去、ズレるなら仮定法過去完了

③ as though に置き換えることができる

✎ 基本例文

・ He talks as if he were an adult.
   彼は、まるで大人であるかのように話をする。
・ He looks as if he had seen a ghost.
   彼は、まるで幽霊を見たかのような表情だ。

　as if SV は文の後ろに置いて、① 「まるで S が V するかのように」と訳します。「実際にはそうではないのに、そのようだ」というたとえ話の文脈で使います。

　続いて、② V の時制をずらします。1つ目の例文では、「話している」のと「大人である」のは同時なので仮定法過去で were を使います。下の例文では、「〜な表情だ」と「幽霊を見た」のは時制がずれる（今の表情より前に幽霊を見ている）ので、仮定法過去完了で had seen を使います。

　最後に、③ as if SV = as though SV と同じ意味であることも、おさえておきましょう。

練 習 問 題 ゼロからわかる英文法ドリル

日本文に合うように、空所に入る適切な語（句）の番号を選びなさい。

1 彼は、まるでなんでも知っているかのように話す。
　⇒ He talks （　　） he knew everything.
　　① if　　　　　② as if

2 彼女はまるで自分が子どもであるかのように話す。
　⇒ She talks as if she （　　） a child.
　　① were　　　② had been

3 彼女はパリに行ったことがあるかのように話をした。
　⇒ She talked about Paris as though she （　　） there.
　　① went to　　② had been

　日本文に合うように、空所に与えられた文字から始まる適切な英単語を書きなさい。

4 彼はまるでそのことについて聞いたことがあるかのような口ぶりだ。
　⇒ He talks （ **a**　　　　）（ **t**　　　　） he had heard about it.

5 彼はまるで幽霊を見たかのような表情だった。
　⇒ He looked （ **a**　　　　）（ **i**　　　　） he （ **h**　　　　）（ **s**　　　　）
　　a ghost.

解答は別冊015ページ

POINT　これを覚える！

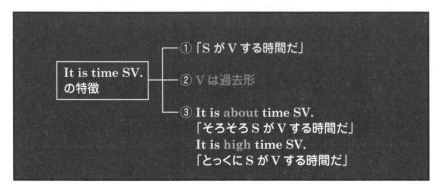

It is time SV.
の特徴

① 「S が V する時間だ」

② V は過去形

③ It is about time SV.
「そろそろ S が V する時間だ」
It is high time SV.
「とっくに S が V する時間だ」

基本例文

・It is time you went to bed.　　寝る時間だよ。
・It is about time you went to bed.　そろそろ寝る時間だよ。
・It is high time you went to bed.　とっくに寝る時間だよ。

　まず、① **It is time SV.** で、「**S が V する時間だ**」という訳を覚えます。it は時の it で、It's time for dinner.「夕食の時間だよ」と同じ使い方です。上の例文のとおり、**まだしていない行為を促す文脈**で使います。

　続いて、仮定法の表現なので、② **V の時制を現在から 1 つずらして過去形**にします。現在の話なので、V は通常過去形を使います。

　最後に、③ time の前に about や high という形容詞が置かれることがあります。それぞれ、**It is about time SV.「そろそろ** S が V する時間だ」、**It is high time SV.「とっくに** S が V する時間だ」となります。

日本文に合うように、空所に入る適切な語（句）の番号を選びなさい。

1 そろそろお風呂に入る時間だよ。
　　⇒ It is about time you （　　　） a bath.
　　　① take　　　② took

2 とっくに家に帰る時間だ。
　　⇒ It is high time you （　　　） home.
　　　① went　　　② had gone

3 家を出る時間だよ。
　　⇒ It is time you （　　　） home.
　　　① leave　　　② left

日本文に合うように、空所に与えられた文字から始まる適切な英単語を書きなさい。

4 私たちは次に何をすべきかを決める時期だ。
　　⇒（ **I**　　　　　）（ **i**　　　　　）（ **t**　　　　　） we decided what to
　　　do next.

5 あなたはもう寝る時間だよ。
　　⇒ It is time you （ **w**　　　　　） to bed.

解答は別冊016ページ

問 題

| Q. 1 仮定法とは何を表すもの？

| Q. 2 仮定法過去の本来の時制は？

| Q. 3 仮定法過去の if 節の特徴は？

| Q. 4 仮定法過去の主節の特徴は？

| Q. 5 仮定法過去完了の本来の時制は？

| Q. 6 仮定法過去完了の if 節の特徴は？

| Q. 7 仮定法過去完了の主節の特徴は？

| Q. 8 仮定法の時制のミックスとは？

| Q. 9 if S were to *do*, 〜. の特徴は何か？　〜にどんな表現がくるか？

| Q. 10 if S should V, 〜. の特徴は何か？　〜にどんな表現がくるか？

| Q. 11 if it were not for の意味は？

| Q. 12 if it were not for と if it had not been for の違いは？

| Q. 13 if it were not for の 1 語置き換えと 2 語置き換えは？

| Q. 14 if it were not for の倒置した形は？

| Q. 15 if it had not been for の倒置した形は？

| Q. 16 I wish S V. の意味と特徴は？

| Q. 17 as if S V の意味と特徴は？

| Q. 18 It is time S V. の意味と特徴は？

解答

| A. 1 | 妄想の世界を表す表現 |

| A. 2 | 現在 |

| A. 3 | 過去形を使う |

| A. 4 | 助動詞の過去形＋動詞の原形を使う |

| A. 5 | 過去 |

| A. 6 | 過去完了形を使う |

| A. 7 | 助動詞の過去形＋have p.p. を使う |

| A. 8 | if 節で仮定法過去完了、主節で仮定法過去が使われている表現 |

| A. 9 | これから先の妄想で、きわめて非現実的な妄想にまで使われる。〜は助動詞の過去形＋動詞の原形を使う |

| A. 10 | これから先の妄想で、〜は実現可能性があると思うなら命令文や助動詞の現在形、実現可能性がないと思うなら助動詞の過去形が使われる |

| A. 11 | 「〜がなければ」 |

| A. 12 | if it were not for が仮定法過去（現在の妄想）、if it had not been for が仮定法過去完了（過去の妄想） |

| A. 13 | without、but for |

| A. 14 | were it not for |

| A. 15 | had it not been for |

| A. 16 | 「S が V したらなあ」。V の時制を 1 つ古いほうにずらす |

| A. 17 | 「まるで S が V するかのように」。主節と同時なら仮定法過去、主節より古い時制なら仮定法過去完了 |

| A. 18 | 「S が V する時間だ」。V に過去形を使う |

if 節の代わりになる表現 !?

第38講で紹介した「～がなかったら」という意味の **without**、**but for** は、**if it were not for の代わり**ができるという表現でした。それ以外にも、**仮定法の if 節の代わりができる表現**があります。下の例文をご覧ください。

---

① I brought a map with me; **otherwise** I would have got lost.
訳 私は地図を持って行った。さもなければ、私は迷子になっていただろう。
② **To hear him talk**, you would take him for a Japanese.
訳 彼が話すのを聞けば、あなたは彼を日本人と思うだろう。
③ **A man of common sense** would not say such a rude thing.
訳 常識のある人なら、そんな無礼なことは言わないだろう。

---

①は **otherwise**「**さもなければ**」が if 節の代用をしていて、厳密には **if ～ not の代用**になります。例文①の otherwise は文の前半を否定文にした if I had not brought a map with me「もし私が地図を持って行かなかったら」の代わりをしています。続いて、②は不定詞のカタマリの **To hear him talk**「彼が話すのを聞けば」が if 節の代わりをしています。

最後の③は、**主語**が if 節の代用をしていて、「**常識のある人なら、そんな無礼なことは言わないだろう**」という内容で、実際には常識がないので無礼なことを言っていると推測できます。この if 節の代用をする主語には **A ＋名詞**が多いので、おさえておきましょう。

では、これらの英文はそもそもどうやって仮定法だと気づくことができるのでしょうか。上の例文の①～③まですべてに would が使われているように、**助動詞の過去形こそが、仮定法の最大の合図**となります。助動詞の過去形⇒仮定法と気づく⇒ if 節はどこか？と発想し、そのうえで、**otherwise**、**不定詞**、**主語**が if 節の代わりをしていることを見抜けるとよいでしょう。

受動態

受動態の全体図

文法用語の説明から

本編に入る前に、まず文法用語について確認しておきましょう。

用　語	解　説
受動態 じゅどうたい	「**れる・られる**」と行為を受ける表現。 My wallet was stolen.「私の財布が盗まれた」などの文。
能動態 のうどうたい	受動態と反対で、「〜する」などの通常の文のこと。 I often play baseball.「私はよく野球をする」などの文。
群動詞 ぐんどうし	動詞と前置詞や副詞などがセットで、1つの動詞と同じ働きをするもののこと。speak to「〜に話しかける」、laugh at「〜を笑う」、take care of「〜の世話をする」などのこと。

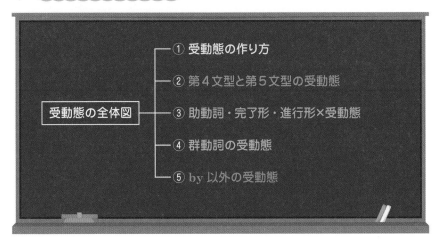

英文法の見取り図 11 受動態の全体図

受動態の全体図 ──
① 受動態の作り方
② 第4文型と第5文型の受動態
③ 助動詞・完了形・進行形×受動態
④ 群動詞の受動態
⑤ by 以外の受動態

　受動態は、「**～される**」という**日本語の受け身と近い**ものです。反対の**能動態**「～する」と区別をして、理解をします。例えば、「財布が誰かに**盗まれた**」は**受動態**で、「誰かが財布を**盗んだ**」が**能動態**です。

　まずは、① **受動態の作り方**を学びます。もとの文（能動態）を受動態に変える方法を学びます。続いて、② **第4文型（SVO_1O_2）、第5文型（SVOC）の受動態**を学びます。

　そして、③ **助動詞、完了形（have p.p.）、進行形（be ～ing）と受動態をセットで使う表現**を学びます。

　④は、**群動詞の受動態**です。用語解説にもあるように、群動詞とは、**speak to** のような2語以上で1つの動詞とみる表現です。

　最後に、⑤ **by 以外の受動態**の熟語を学びます。本来受動態は、be 動詞 + 過去分詞 + by ～で表しますが、by 以外の前置詞を使用するパターンです。*be* known to「**～に知られている**」などがあります。

第42講 受動態の作り方

POINT これを覚える！

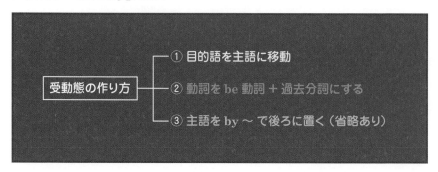

受動態の作り方 ──① 目的語を主語に移動

──② 動詞を be 動詞 + 過去分詞にする

──③ 主語を by ～ で後ろに置く（省略あり）

◆基本例文◆

Someone stole my wallet.　　誰かが私の財布を盗んだ。
　① my wallet を主語にする
　⇓
　② stole を was stolen にする
　⇓
　③ Someone を by someone で後ろに置く（この場合は省略が普通）
　⇓
My wallet was stolen (by someone).

　受動態を作る手順は、① 目的語を主語に移動、② 動詞を be 動詞 + 過去分詞にする、③ 主語を by とセットで後ろに置きます。

　上の文でも、まずは① 目的語の my wallet を主語にします。次に、② 動詞の stole を be 動詞 + 過去分詞にして、was stolen とします。

　最後に、③ 主語の Someone を by someone として、文の後ろに置きますが、この場合は省略します。誰がその行為をしたのか特定できないときは by ～を普通省略します。

日本文に合うように、空所に入る適切な語句の番号を選びなさい。

1 この窓は、昨日割られた。
⇒ This window（　　）yesterday.
① was broke　　② was broken

2 きれいな花があの店で売られている。
⇒ Beautiful flowers（　　）at that store.
① are sold　　② are sell

3 その店は、土曜日は休みだ。
⇒ The store（　　）on Saturdays.
① is closing　　② is closed

日本文に合うように、空所に与えられた文字から始まる適切な英単語を書きなさい。

4 その本は、いつ書かれましたか？
⇒ When（ **w**　　）the（ **b**　　）（ **w**　　）?

5 国際ビジネスの場では、英語がよく使用される。
⇒ English（ **i**　　）（ **o**　　）（ **u**　　）in international business.

6 この写真は、私の父が撮った。
⇒ This picture（ **w**　　）（ **t**　　）（ **b**　　）my father.

解答は別冊016ページ

POINT これを覚える！

第4文型（SVO₁O₂）の受動態 ──── ① O_1 *be* p.p. O_2 by S.

② O_2 *be* p.p. (to / for) O_1 by S.

第5文型（SVOC）の受動態 ──── ③ O *be* p.p. C by S.

✎ 基本例文

① **I was given the book by Mike.**
私はその本をマイクにもらった。

② **The book was lent to me by my father.**
その本は父が私に貸してくれたものだ。

A delicious dinner was made for us by Tom yesterday.
昨日、おいしい夕食を私たちに作ってくれたのは、トムです。

③ **The door was left open for thirty minutes.**
そのドアは30分開けっ放しだった。

第4文型（SVO₁O₂）と第5文型（SVOC）の受動態に共通するのが、まず O を主語に持ってくることです。第4文型のみ、① **O_1 が主語になる場合**と、② **O_2 が主語になる場合**があります。

O_1 を主語に持ってくると、① **O_1 *be* p.p. O_2 by S.** となり、例文① I was given the book by Mike. となります。続いて、O_2 を主語に持ってくると、② **O_2 *be* p.p.（to / for）O_1 by S.** となります。

V の性質によって、**to や for の前置詞が必要**です。例文②の1つ目の文のように、lend「貸す」や give「与える」といった**相手が必要な行為には to** を使います。例文②の2つ目の文のように、make「作る」のような**相手が不要な行為には for** を使います。最後の第5文型の受動態は、例文③のように、C をそのままに③ **O *be* p.p. C by S.** です。

日本文に合うように、空所に入る適切な語句の番号を選びなさい。

1 この指輪は、私の妻からもらった。

⇒ This ring (　　　) by my wife.

① was given to me ② was giving to me

2 この種の花はバラと呼ばれている。

⇒ This type of flower (　　　).

① is calling a rose ② is called a rose

3 騒音のせいで、私は一晩中眠れなかった。

⇒ I (　　　) all night by noise.

① was keeping awake ② was kept awake

日本文に合うように、空所に与えられた文字から始まる適切な英単語を書きなさい。

4 彼は良い仕事をオファーされた。

⇒ He (**w**　　　)(**o**　　　) a good job.

5 私は生徒から素敵なプレゼントをもらった。

⇒ I (**w**　　　)(**g**　　　) a nice present by my student.

6 その窓は、いつも開けっ放しだ。

⇒ The window (**i**　　　) always (**l**　　　) open.

解答は別冊016ページ

第44講 いろいろな受動態

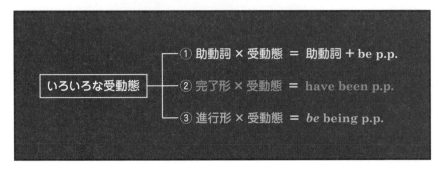

いろいろな受動態
① 助動詞 × 受動態 ＝ 助動詞 ＋ be p.p.
② 完了形 × 受動態 ＝ have been p.p.
③ 進行形 × 受動態 ＝ *be* being p.p.

◆基本例文◆

① The book **cannot be read** in a day.
その本は、1日では読むことができない。
② My wallet **has been stolen.**　　私の財布は盗まれた。
③ My house **is being built** now.　　私の家は現在建築中だ。

① **助動詞**、② **完了形（have p.p.）**、そして③ **進行形（*be* 〜ing）** と受動態（*be* p.p.）の組み合わせを学んでいきます。

まずは、① **助動詞と受動態の組み合わせ**です。助動詞の後ろは動詞の原形なので、例文①のように can の後ろに be、その後ろに p.p. を置いて、**cannot be read** とします。

次に、② **完了形（have p.p.）と受動態（*be* p.p.）の組み合わせ**です。完了形の p.p. に受動態の be 動詞を使うので、been とします。**have been p.p.** なので、例文②のように **has been stolen** とします。

最後に、③ **進行形（*be* 〜ing）と受動態（*be* p.p.）の組み合わせ**です。進行形の 〜ing に受動態の be 動詞を使うので、***be* being p.p.** とします。例文③のように、**is being built** とします。

日本文に合うように、空所に入る適切な語句の番号を選びなさい。

1 その仕事を6時までに終わらせなければならない。
⇒ The work（　　）by six.
① must be finished　　② should have gone

2 その建物は、建設されている最中だ。
⇒ The building（　　）.
① is being building　　② is being built

3 私のパソコンは修理された。
⇒ My PC（　　）.
① has been repairing　　② has been repaired

　日本文に合うように、空所に与えられた文字から始まる適切な英単語を書きなさい。

4 この仕事は1時間で終えることができる。
⇒ This work（ **c**　　）（ **b**　　）（ **f**　　）in an hour.

5 その橋は、現在建築されている最中だ。
⇒ The bridge（ **i**　　）（ **b**　　）（ **b**　　）now.

6 私の車は、もうすでに修理されている。
⇒ My car（ **h**　　）already（ **b**　　）（ **r**　　）.

解答は別冊017ページ

第45講 群動詞の受動態

POINT これを覚える！

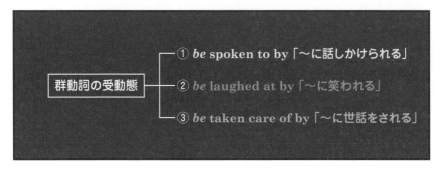

群動詞の受動態
- ① *be* spoken to by 「〜に話しかけられる」
- ② *be* laughed at by 「〜に笑われる」
- ③ *be* taken care of by 「〜に世話をされる」

基本例文

① **I was spoken to by my teacher yesterday.**
私は昨日、先生に話しかけられた。

② **I was laughed at by my friends.**
私は友人たちに笑われた。

③ **My cat is taken care of by the woman.**
私の猫は、その女性に面倒を見てもらっている。

群動詞は、2語以上で1つの動詞のはたらきをするものです。例えば、① **speak to**「〜に話しかける」、② **laugh at**「〜を笑う」、③ **take care of**「〜の世話をする」などです。

例えば、「私は知らない人に話しかけられた」を英語で表現すると、**I was spoken by a stranger.** としてしまいがちです。ところが、「〜に話しかける」という表現は **speak to** なので、I was spoken **to** by a stranger. が正しい表現です。

それぞれ① *be* spoken **to** by の to、② *be* laughed **at** by の at、そして ③ *be* taken care **of** by の of を忘れずに付けましょう。

日本文に合うように、空所に入る適切な語（句）の番号を選びなさい。

1 私は外国の人に話しかけられた。
　⇒ I was （　　　） by a foreigner.
　　① spoken　　　　　　② spoken to

2 彼女はみんなに笑われた。
　⇒ She （　　　） by everybody.
　　① was laughed at　　② was laughed

3 私の犬は、その男性に世話をしてもらっている。
　⇒ My dog is （　　　） by the man.
　　① taken care　　　　② taken care of

日本文に合うように、空所に与えられた文字から始まる適切な英単語を書きなさい。

4 私の赤ん坊は母が面倒を見ている。
　⇒ My baby is （ t　　　）（ c　　　）（ o　　　） by my mother.

5 私はクラスのみんなに笑われた。
　⇒ I （ w　　　）（ l　　　）（ a　　　） by everybody in the class.

6 私は知らない人に話しかけられた。
　⇒ I （ w　　　）（ s　　　）（ t　　　） by a stranger.

解答は別冊017ページ

第5章 受動態
第45講 群動詞の受動態

POINT これを覚える！

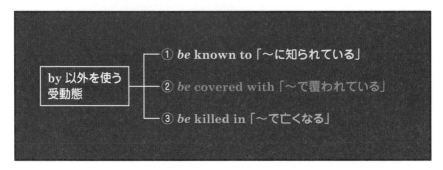

by 以外を使う受動態
- ① *be* known to「〜に知られている」
- ② *be* covered with「〜で覆われている」
- ③ *be* killed in「〜で亡くなる」

───◆ 基本例文 ◆───

① His name is **known to** people all over the world.
彼の名前は世界中の人に知られている。

② My house **was covered with** snow.
私の家は雪で覆われていた。

③ He **was killed in** the traffic accident.
彼はその交通事故で亡くなった。

　受動態は、通常 *be* p.p. by 〜ですが、例外的に by 以外の前置詞を用いることがあります。例えば、① **be known to**「〜に知られている」です。**主語が to 以下に知れ渡っているという文脈**で使います。

　他にも、**be** known for「〜で知られている」があります。**主語が for 以下の理由で有名だという文脈**で使います。She **is known for** her beautiful voice.「彼女はその美しい声で有名だ」のように使います。

　続いて、② **be covered with**「〜で覆われている」です。**家や車が雪で覆われているといった文脈**で使います。

　最後に、③ **be killed in**「〜で亡くなる」です。**交通事故や災害、戦争などで亡くなる文脈**で使います。

日本文に合うように、空所に入る適切な語の番号を選びなさい。

1 その歌手は世界中の人に知られている。
　⇒ The singer is known （　　） people all over the world.
　　① for 　　　② to

2 その庭は花で覆われている。
　⇒ The garden is covered （　　） flowers.
　　① with 　　② of

3 多くの人が、その事故で亡くなった。
　⇒ Many people were killed （　　） the accident.
　　① with 　　② in

日本文に合うように、空所に与えられた文字から始まる適切な英単語を書きなさい。

4 多くの人がその戦争で亡くなった。
　⇒ Many people （ **w**　　　）（ **k**　　　）（ **i**　　　） the war.

5 私の車は雪で覆われていた。
　⇒ My car （ **w**　　　）（ **c**　　　）（ **w**　　　） snow.

6 その男性は、警察に知られている。
　⇒ The man （ **i**　　　）（ **k**　　　）（ **t**　　　） the police.

解答は別冊017ページ

口頭 チェックテスト ▶▶▶ 第 5 章 受 動 態

(問 題)

| Q. 1 受動態はどういう形で表すか?

| Q. 2 進行形の受動態は?

| Q. 3 完了形の受動態は?

| Q. 4 助動詞と受動態が合わさった形は?

| Q. 5 speak to の受動態は? 何に気をつける?

| Q. 6 laugh at の受動態は? 何に気をつける?

| Q. 7 take care of の受動態は? 何に気をつける?

| Q. 8 know の形を変えて「〜に知られている」は?

| Q. 9 know の形を変えて「〜で知られている」は?

| Q. 10 受動態で「〜で亡くなる」は?

| Q. 11 受動態で「〜で覆われている」は?

A. 1　be 動詞 p.p.（過去分詞）＋by ～（by ～は省略されることあり）

A. 2　*be* being p.p.

A. 3　have been p.p.

A. 4　助動詞 ＋ be p.p.

A. 5　*be* spoken to by「～に話しかけられる」。to を忘れない

A. 6　*be* laughed at by「～に笑われる」。at を忘れない

A. 7　*be* taken care of by「～に世話される」。of を忘れない

A. 8　*be* known to

A. 9　*be* known for

A. 10　*be* killed in

A. 11　*be* covered with

第5章　受動態

第5文型の受動態を攻略する !!

　第43講で紹介したように、第5文型の受動態は、**SVOC の O を主語、V を be 動詞 ＋ p.p.、C をそのまま p.p. の後ろに置く手順**で作りました。ここで紹介するのは、**第5文型の受動態の応用**になります。次の問題をご覧ください。

Q.1 次の英文の空所に適切な語（句）を入れなさい。

He was made (　　　) his suitcase.

彼はスーツケースを開けさせられた。

① open　　　　　　　　② to open

　空所の前の was made から、受動態の文とわかります。いったん時制を無視して能動態を想定すると、make him open his suitcase となるのがわかります。**make O do「O に〜させる」**という第5文型の英文を受動態にするときには注意が必要です。O を主語にして O' be made do とすることはできません。どれが文の動詞なのかを区別するために、do の前に to を入れて、**O' be made to do「O' は〜させられる」**とします。すると、上の問題でも to が必要なので**②が正解**になります。次の問題に進みます。

Q.2 次の英文の空所に適切な語（句）を入れなさい。

He was seen (　　　) the building.

彼はその建物に入るのを見られた。

① enter　　　　　　　　② to enter

　この問題も、was seen から受動態だとわかるので、Q.1 と同様に能動態を想定します。**see O do「O が〜するのを見る」**の受動態は、O' be seen do とはしません。やはり、do の前に to が入って、**O' be seen to do「O' が〜するのを見られる」**とします。よって、この問題の**正解は②**になります。**SVOC の C に原形不定詞（動詞の原形）が入る表現は、受動態にする際には to do とする**ので、おさえておきましょう。

第6章

不定詞

不定詞の全体図

introduction

📍 文法用語の説明から

本編に入る前に、まず文法用語について確認しておきましょう。

用　語	解　説
不定詞 <small>ふ てい し</small>	**to ＋ 動詞の原形**で表す。**動詞の役割を超えて、名詞、形容詞、副詞の働きができるもの**。I want **to play** baseball.「私は野球がしたい」の **to play** などのこと。
不定詞の3用法 <small>ふ てい し　さんようほう</small>	不定詞の用法を3つに分類した、**名詞的用法・形容詞的用法・副詞的用法**のこと。
名詞的用法 <small>めい し てきようほう</small>	「〜すること」の意味。 I want to play baseball. の to play などのこと。
形容詞的用法 <small>けいよう し てきようほう</small>	「〜するための」の意味。 I want something to drink.「私は飲み物がほしい」の to drink のこと。
副詞的用法 <small>ふく し てきようほう</small>	「〜するために」などの意味。 I went there to study English.「私は英語を勉強するためにそこに通っていた」の to study などのこと。

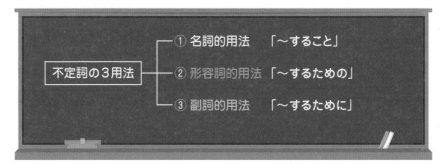

英文法の見取り図 12 不定詞の全体図

🔖 基本例文

① **To walk is very healthy.** 歩くことはとても健康に良い。
② **I want something to drink.** 私は飲み物がほしい。
③ **I went there to meet him.** 私は彼に会うためにそこに行った。

不定詞でまずおさえるべきは、その形です。**to の後ろに動詞の原形**（*do*）を置きます。不定詞と言われたら、まずこの **to + 動詞の原形**を思い浮かべてください。

次に、不定詞には3用法が存在します。① **名詞的用法**「〜すること」、② **形容詞的用法**「〜するための」、③ **副詞的用法**「〜するために」です。

文中で、to + 動詞の原形を見たら不定詞と気づいて、3用法のどれかを特定する力が、英文読解に重要な力になります。

不定詞が得意になるコツは、この3用法を1つずつ学習していくことです。

形容詞的用法だけ、例文②の **something to drink** のように、必ず**名詞 + to *do* の形**になります。最も重要なのが、複数の用法が存在する**副詞的用法**なので、ここを重点的に学習していきます。

第6章 不定詞 ┃ 不定詞の全体図

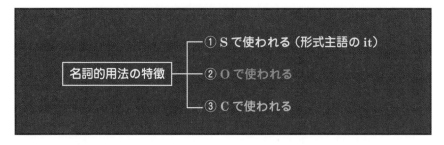

第47講 名詞的用法「～すること」

POINT これを覚える！

名詞的用法の特徴 ── ① S で使われる（形式主語の it）
　　　　　　　　 ── ② O で使われる
　　　　　　　　 ── ③ C で使われる

✎ 基本例文

① **To walk is very healthy.**　　歩くことはとても健康に良い。
　→ **It is very healthy to walk.**
② **I like to travel abroad.**　　私は海外旅行をするのが好きだ。
③ **My dream is to study abroad.**　私の夢は留学することです。

　不定詞の名詞的用法は、「～すること」という訳で、名詞のカタマリを作ります。①～③の例文で、**To walk**「歩くこと」、**to travel abroad**「海外旅行をすること」、**to study abroad**「留学すること」が名詞のカタマリです。

　文中では、① **S**、② **O**、③ **C** で使用されます。上の①の例文では、**To walk is very healthy.** の **To walk** が不定詞の名詞的用法で、「歩くこと」という S のカタマリを作っています。

　もっとも、英語では長い主語が嫌われるので、To walk を形式主語の it で代用して、It is very healthy **to walk**.とするのが一般的です。

　次に、② I like **to travel abroad**. では、**to travel abroad** が「海外旅行をすること」という O のカタマリを作っています。

　最後に、例文③ My dream is **to study abroad**. では、**to study abroad** が「留学すること」という C のカタマリを作っています。

日本文に合うように、空所に入る適切な語（句）の番号を選びなさい。

1 私は読書が好きだ。

⇒ I like （　　） books.

　① read　　　　　② to read

2 最善の方法は努力することだ。

⇒ The best way is （　　） efforts.

　① make　　　　　② to make

3 真実を伝えることが重要だ。

⇒ It is important （　　） the truth.

　① to telling　　　② to tell

　日本文に合うように、空所に与えられた文字から始まる適切な英単語を書きなさい。

4 私は彼の名前を知りたい。

⇒ I want （ **t**　　　　）（ **k**　　　　） his name.

5 私の夢は息子とサッカーをすることだ。

⇒ My dream is （ **t**　　　　）（ **p**　　　　） soccer with my son.

解答は別冊018ページ

POINT これを覚える！

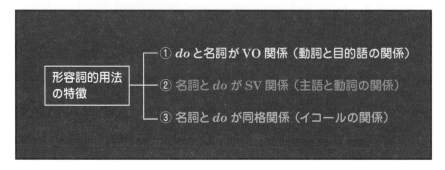

形容詞的用法
の特徴

① *do* と名詞が VO 関係（動詞と目的語の関係）

② 名詞と *do* が SV 関係（主語と動詞の関係）

③ 名詞と *do* が同格関係（イコールの関係）

✎ 基本例文

① **I have a family to help.**
私には助けるべき家族がいる。

② **I have a family to help me.**
私には自分を助けてくれる家族がいる。

③ **I got the ability to speak English.**
私は英語を話す能力を手に入れた。

不定詞の形容詞的用法は、**名詞 to *do* の形**で、「**〜する（ための）名詞**」という訳で、形容詞のカタマリを作ります。

名詞 to *do* の形で、① ***do* と名詞が VO 関係**（動詞と目的語の関係）を作ります。上の例文でも、a family to help「助けるべき家族」で、**VO 関係**です。

次に、② **名詞と *do* が SV 関係**（主語と動詞の関係）を作ります。上の例文でも、a family to help me「私を助けてくれる家族」で、**SV 関係**です。

最後に、③ **名詞と *do* が同格関係**（イコールの関係）を作ります。上の例文でも、**the ability = speak English** という**同格関係**です。

日本文に合うように、空所に入る適切な語（句）の番号を選びなさい。

1 私は飲み物がほしい。
⇒ I want something (　　　).
① drink　　　　② to drink

2 あなたはこのことについて言うことがありますか？
⇒ Do you have anything (　　　) about this?
① to saying　　② to say

3 私は彼女に真実を言う決意をした。
⇒ I made a decision (　　　) her the truth.
① to tell　　　② to telling

日本文に合うように、空所に与えられた文字から始まる適切な英単語を書きなさい。

4 外国語を学ぶ最善の方法は、絶えず練習することです。
⇒ The best way (**t**　　　)(**l**　　　) a foreign language is through constant practice.

5 彼が最初に到着した人だった。
⇒ He was the first person (**t**　　　)(**a**　　　).

解答は別冊018ページ

第49-1講 副詞的用法①[基本]

POINT これを覚える！

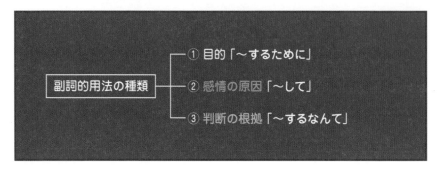

副詞的用法の種類
- ① 目的「〜するために」
- ② 感情の原因「〜して」
- ③ 判断の根拠「〜するなんて」

基本例文

① **I went there to see her.**
私は彼女に会うためにそこに行った。
② **I'm happy to see you again.**
私はあなたに再会できてうれしい。
③ **He must be smart to solve the problem.**
その問題を解くなんて、彼は賢いに違いない。

　不定詞の副詞的用法は、「〜するために」が基本の訳で、① **目的**を表します。上の例文も、① **to see** her「彼女に**会うために**」となります。

　次に、② **感情の原因**を表して、「〜して」と訳します。手前に「うれしい」、「驚いた」などの感情表現があり、その理由を不定詞の to do で表します。例文②も、I'm happy「私はうれしい、幸せだ」と感情を表して、そのうれしい理由を不定詞 **to see** you again「あなたと再会できて」で表します。

　最後に、③ **判断の根拠**で、「〜するなんて」と訳します。手前に「〜に違いない」などの判断する表現があり、その根拠を不定詞の to do で表します。例文③も、He must be smart「彼は賢いに違いない」と判断して、その根拠を不定詞 **to solve** the problem「その問題を**解くなんて**」で表します。

日本文に合うように、空所に入る適切な語（句）の番号を選びなさい。

1 私はその知らせを聞いてとてもうれしかった。
　⇒ I was very glad (　　) the news.
　　① hear　　　　　　② to hear

2 彼は英語を学ぶために、アメリカへ行った。
　⇒ He went to America (　　) English.
　　① study　　　　　　② to study

3 私たちは、泳ぐために、夏によくプールに行く。
　⇒ We often go to the pool (　　) in summer.
　　① to swimming　　　② to swim

　日本文に合うように、空所に与えられた文字から始まる適切な英単語を書きなさい。

4 学校に間に合うように、彼は駅まで走った。
　⇒ He ran to the station (**t**　　　) (**b**　　　) (**i**　　　) time for school.

5 電車に財布を忘れるなんて、私は不注意だった。
　⇒ I was careless (**t**　　　) (**l**　　　) my wallet on the train.

解答は別冊018ページ

POINT これを覚える!

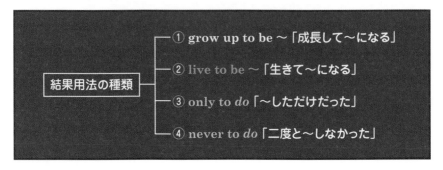

結果用法の種類 —
- ① grow up to be ～「成長して～になる」
- ② live to be ～「生きて～になる」
- ③ only to *do*「～しただけだった」
- ④ never to *do*「二度と～しなかった」

✎ 基本例文

① He grew up to be a famous man.
彼は成長して有名人になった。
② She lived to be ninety.
彼女は90歳まで生きた。
③ He worked hard, only to fail.
彼は一生懸命頑張ったが、失敗した。
④ He went there, never to return.
彼はそこに行って、二度と戻らなかった。

不定詞の副詞的用法の結果用法です。①の **grow up to be ～**「成長して（その結果）～になる」は、成長して偉大な人になったという文脈でよく使います。

次に、② **live to be ～**「生きて（その結果）～になる」です。90歳や100歳まで長生きしたという文脈でよく使います。

続いて、③ **only to *do***「（結果として）～しただけだった」です。一生懸命頑張ったが、失敗に終わったという逆接の文脈でよく使います。

最後に、④ **never to *do***「（結果として）二度と～しなかった」です。どこかに行ってしまって、二度と帰ってこなかったという文脈でよく使います。

日本文に合うように、空所に入る適切な語（句）の番号を選びなさい。

1 彼は成長して偉大なアスリートになった。
　⇒ He grew up（　　　）a great athlete.
　　① become　　　② to be

2 彼は80歳まで生きた。
　⇒ He lived（　　　）eighty.
　　① to be　　　② to being

3 彼は一生懸命勉強したが、試験で失敗してしまった。
　⇒ He studied hard,（　　　）to fail the exam.
　　① never　　　② only

　日本文に合うように、空所に与えられた文字から始まる適切な英単語を書きなさい。

4 彼女は90歳まで生きた。
　⇒ She（ l　　　　）（ t　　　　）（ b　　　　）ninety.

5 彼は国を離れて、二度と戻らなかった。
　⇒ He left his country,（ n　　　　）（ t　　　　）return.

6 彼女は成長して、有名な歌手になった。
　⇒ She grew up（ t　　　　）（ b　　　　）a famous singer.

解答は別冊019ページ

第49-3講 副詞的用法③［目的を表す熟語］

POINT　これを覚える！

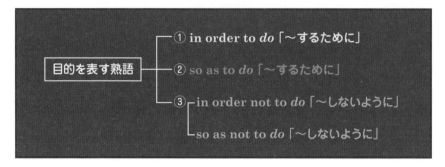

目的を表す熟語 ― ① in order to *do*「〜するために」
　　　　　　　― ② so as to *do*「〜するために」
　　　　　　　― ③ in order not to *do*「〜しないように」
　　　　　　　　 so as not to *do*「〜しないように」

基本例文

① She went to Paris **in order to** study French literature.
　彼女はフランス文学を勉強するために、パリに行った。
② I got up early in the morning **so as to** catch the first train.
　私は始発の電車に乗るために、朝早く起きた。
③ She left early **in order not to** be late.
　彼女は遅れないように、早く出発した。
　I got up early **so as not to** miss the train.
　私は電車に乗り遅れないように、早く起きた。

　不定詞の副詞的用法で、**目的を強調したいとき**は、「**〜するために**」という **in order to *do*** や **so as to *do*** を使います。

　例文①は、「フランス文学を勉強する」という目的のために、「パリに行く」という手段をとっています。例文②も、「始発に乗る」という目的のために、「早く起きる」という手段をとっています。

　不定詞の否定形は、not to *do* とするので、それぞれ **in order not to *do***、**so as not to *do*** で「**〜しないように**」となります。

日本文に合うように、空所に入る適切な語（句）の番号を選びなさい。

1 私は着替えるために家に帰った。

⇒ I went home（　　）change my clothes.

　① in order to　　　　② in order

2 私は会議に間に合うように、タクシーに乗った。

⇒ I took a taxi（　　）be in time for the meeting.

　① so as to　　　　② so as

3 彼は試験に合格するために、一生懸命勉強した。

⇒ He studied hard in（　　　）pass the exam.

　① order　　　　② order to

日本文に合うように、空所に与えられた文字から始まる適切な英単語を書きなさい。

4 私は、その電車に乗り遅れないように走った。

⇒ I ran so（ **a**　　　）（ **n**　　　）（ **t**　　　）miss the train.

5 私たちは、生きていくために食料を必要としている。

⇒ We need food（ **i**　　　）（ **o**　　　）（ **t**　　　）live.

6 私は学校に遅れないように早起きした。

⇒ I got up early in（ **o**　　　）（ **n**　　　）（ **t**　　　）be late for school.

解答は別冊019ページ

原形不定詞を使う表現

🔵 （英文法の見取り図13） 原形不定詞を使う表現

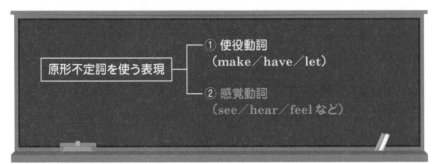

原形不定詞を使う表現 ── ① 使役動詞
（make／have／let）
── ② 感覚動詞
（see／hear／feel など）

── ✎基本例文 ──

① **I made him go there.**
私は彼をそこに行かせた。
② **I saw her walk across the street.**
私は彼女がその通りを横切って歩くのを見た。

　原形不定詞（動詞の形を変えない原形）を使う表現として、① **使役動詞**と② **感覚動詞**があります。**英文法の中でも最重要ルールの1つ**なので、しっかりと見ていきます。

　今まで学習してきた不定詞を **to 不定詞**と呼ぶことで、**原形不定詞**と区別することがあります。

　① **使役動詞**は、「**人に～させる**」という動詞の総称です。使役とはもともと、「**人を使って仕事をさせる**」という意味からきています。

　② **感覚動詞**は、「**O が～するのを見たり聞いたり感じたりする**」という動詞の総称です。別名、知覚動詞ともいいます。見る、聞こえる、感じるという視覚、聴覚などの感覚に関わる動詞です。

両者に共通するのが、**第5文型をとる**ことができて、**補語の位置に原形不定詞**を使うのが可能なことです。

　① **使役動詞**は、**make、have、let** です。**make O** *do*、**have O** *do*、**let O** *do* で覚えましょう。例文①では、**make O** *do*「O に〜させる」が使われています。

　② **感覚動詞**は、**see、hear、feel** などです。**see O** *do*「O が〜するのを見る」、**hear O** *do*「O が〜するのが聞こえる」、**feel O** *do*「O が〜するのを感じる」で覚えましょう。例文②では、**see O** *do*「O が〜するのを見る」が使われています。

　make を見たら、make O *do* と、**動詞の後ろの型を予測できる**ようになると、速読にも、スピーキングにも役立ちます。次のページから、それぞれの用法を、具体的に見ていきます。

第50講 使役動詞

POINT これを覚える!

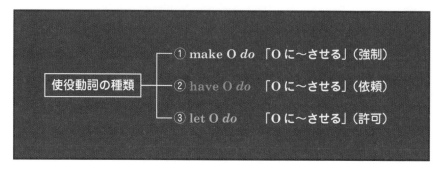

使役動詞の種類
- ① **make O** *do* 「O に〜させる」(強制)
- ② **have O** *do* 「O に〜させる」(依頼)
- ③ **let O** *do* 「O に〜させる」(許可)

基本例文

① I made him wash the dishes. 　私は彼に皿を洗わせた。
② He had her type the letter. 　　彼は彼女に手紙をタイプしてもらった。
③ They let her go there alone. 　彼らは彼女を1人でそこに行かせた。

すべて「**人に〜させる**」という意味ですが、ニュアンスが少しずつ違います。
① **make O** *do* は、「O に(**無理やり**)〜させる」で、② **have O** *do* 「O に〜
してもらう(**依頼**)」、③ **let O** *do* 「O に〜させる(**許可を出す**)」です。

例文①は、**気が乗らない彼に無理やり皿を洗わせた**という文脈です。

次に、② **have O** *do* は例文のように、**社長などの立場が上のものが秘書
などに仕事をさせる**とか、**修理工にコンピューターを修理してもらう**といった
仕事を依頼する文脈でよく使います。

最後に、③ **let O** *do* は、**親が子どもが〜するのを許す**といった文脈でよく
使います。例文③も、「彼女が1人でそこに行くことを許した」という文脈です。

日本文に合うように、空所に入る適切な語（句）の番号を選びなさい。

1 母は私を行かせてくれなかった。
⇒ My mother didn't let me（　　）.
① go　　　　② to go

2 上司は私をそこに行かせた。
⇒ My boss made me（　　）there.
① go　　　　② went

3 彼は秘書に手紙を書いてもらった。
⇒ He（　　）his secretary write a letter.
① came　　　② had

　日本文に合うように、空所に与えられた文字から始まる適切な英単語を書きなさい。

4 あなたは修理工にこの車を見てもらうべきだ。
⇒ You should（ **h**　　　　）a repairman（ **l**　　　　）at this car.

5 この薬を飲めば気分がよくなるでしょう。
⇒ This medicine will（ **m**　　　　）（ **y**　　　　）（ **f**　　　　）
better.

6 私の父は、私が父の車を運転するのを許してくれた。
⇒ My father（ **l**　　　　）（ **m**　　　　）（ **d**　　　　）his car.

解答は別冊019ページ

第51講 感覚動詞

POINT これを覚える！

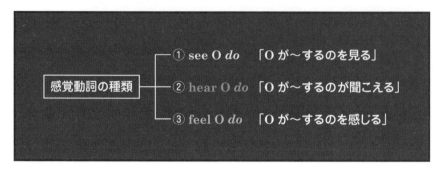

感覚動詞の種類
- ① see O *do* 「O が〜するのを見る」
- ② hear O *do* 「O が〜するのが聞こえる」
- ③ feel O *do* 「O が〜するのを感じる」

基本例文

① **I saw him enter the building.**
私は彼がその建物に入るのを見た。

② **I heard her go out.**
私は彼女が出ていくのが聞こえた。

③ **I felt him touch me.**
私は彼が私に触れるのを感じた。

　感覚動詞（知覚動詞）には、① **see O *do*** 「O が〜するのを見る」があります。**look at** が意識して目を向けるのに対して、**see** は自然と視界に入ってくるという文脈で使います。

　次に、② **hear O *do*** 「O が〜するのが聞こえる」です。**listen to** が意識して耳を傾けて聴くのに対して、**hear** は自然と耳に入ってくるという文脈で使います。

　③ **feel O *do*** 「O が〜するのを感じる」です。家が揺れるのを感じたとか、誰かが自分に触れるのを感じたという文脈で使います。

日本文に合うように、空所に入る適切な語（句）の番号を選びなさい。

1 私は母が家に入るのを目撃した。
　⇒ I saw my mother （　　　） the house.
　　① enter　　　② to enter

2 私は誰かが私の名前を呼ぶのが聞こえた。
　⇒ I heard someone （　　　） my name.
　　① call　　　② to call

3 家が揺れるのを感じましたか？
　⇒ Did you （　　　） the house shake?
　　① give　　　② feel

　日本文に合うように、空所に与えられた文字から始まる適切な英単語を書きなさい。

4 彼女が家から出ていくのが聞こえた。
　⇒ I heard （ **h**　　　）（ **g**　　　） out of the house.

5 メアリーは、母親が隣の家に入るのを見た。
　⇒ Mary （ **s**　　　）（ **h**　　　）（ **m**　　　）（ **e**　　　）
　　the neighbor's house.

6 私は、父親が私の名前を呼ぶのが聞こえた。
　⇒ I （ **h**　　　）（ **m**　　　）（ **f**　　　）（ **c**　　　） my name.

解答は別冊020ページ

口頭 チェックテスト ▶▶▶ 第 6 章 不 定 詞

問 題

Q. 1 不定詞はどんな形で表す？

Q. 2 不定詞の３用法とその訳は？

Q. 3 不定詞の副詞的用法　感情の原因の訳と特徴は？

Q. 4 不定詞の副詞的用法　判断の根拠の訳と特徴は？

Q. 5 結果の不定詞はどんな意味？

Q. 6 only to *do* の意味は？

Q. 7 never to *do* の意味は？

Q. 8 grow up to be ～の意味は？

Q. 9 live to be ～の意味は？

Q. 10 目的を強調した「～するために」の表現を２つあげなさい。

Q. 11 「～するために」の否定形は？

Q. 12 英語の使役動詞を型と共に３つあげなさい。

Q. 13 英語の感覚動詞で、補語に原形不定詞をとる動詞を２つあげなさい。

A. 1　to ＋ 動詞の原形

A. 2　名詞的用法「〜すること」、形容詞的用法「〜する（ための）」、副詞的用法「〜するために」

A. 3　「〜して」、happy などの感情を表す表現が前にある

A. 4　「〜するなんて」、何らかの判断を下す表現が前にある

A. 5　「〜して（その結果）…」

A. 6　「（〜したが）…するだけだった」

A. 7　「（〜して）二度と…しない」

A. 8　「成長して〜になる」

A. 9　「生きて〜になる」

A. 10　in order to *do*、so as to *do*

A. 11　in order not to *do*、so as not to *do*

A. 12　make O *do*、have O *do*、let O *do* ですべて「O に〜させる」

A. 13　hear O *do*「O が〜するのが聞こえる」、see O *do*「O が〜するのを見る」、feel O *do*「O が〜するのを感じる」から2つ。

第6章　不定詞

不定詞の重要表現を攻略する !!

　不定詞にも重要表現がいくつかあります。その中でも重要なものを、丸暗記なしで攻略していきましょう。次の例文をご覧ください。

---

　① I'm **too busy to worry** about it.
　訳 私は忙し**すぎて**、それを心配なんかして**いられない**。

　② He was **kind enough to show** me the way.
　訳 彼は私に道を教えてくれる**ほど**親切だった。

　③ **All you have to do is do** your best.
　訳 あなたはベストを尽く**せばよい**。

---

　①は **too ~ to do …**「～すぎて…できない」です。もともとは to *do* が不定詞の副詞的用法で「…するには」の意味で、～の形容詞や副詞を修飾する特殊な用法です。よって、「…するには～すぎる」＝「～すぎて…できない」となりました。例文①も、「心配するには忙しすぎる」＝「忙しすぎて心配していられない」となります。

　②は 形容詞（副詞） **enough to do**「～するほど（十分に）形容詞（副詞）だ」です。同じく to *do* が不定詞の副詞的用法で「～するには」と前の表現を修飾します。注意すべきなのは副詞の **enough** が 形容詞（副詞） の後ろにきて「十分に 形容詞（副詞）だ」となることです。例文②でも、kind enough to show ~「～を教えてくれるほど（十分に）親切だ」となります。

　続いて、③は **All you have to do is (to) do ~ .** です。**All** と **you** の間に関係詞が省略されていて「**あなたがすべきすべては～することだ**」＝「**～しさえすればよい**」となった表現です。**is** の後ろの to *do* の **to は省略されることがある**ので、おさえておきましょう。この①～③以外にも不定詞の重要表現はありますが、まずはこの３つをおさえておきましょう。

動名詞

動名詞の全体図

📍 文法用語の説明から

本編に入る前に、まず文法用語について確認しておきましょう。

用 語	解 説
動名詞（どうめいし）	動詞の原形に ing を付けたもの。動詞の役割を超えて、名詞の働きをするもの。My hobby is taking pictures.「私の趣味は写真を撮ることです」の taking のこと。
動名詞の役割と位置	役割とは、動名詞が文中で名詞のカタマリを作ること。動名詞の位置とは、S・O・C で使われることを理解する。
動名詞と不定詞の違い（ふていし）	動名詞「～すること」と不定詞の名詞的用法「～すること」は、訳が同じで名詞のカタマリを作るので、区別が必要になる。
過去志向と未来志向（しこう）	動名詞と不定詞の違いを説明するときに使われる表現。過去志向とは過去に意識が向いていること。未来志向とは未来に意識が向いていること。
動名詞と不定詞を目的語にとる動詞	動詞によっては、目的語に動名詞しかとらない動詞、不定詞しかとらない動詞、両方をとる動詞がある。例えば、enjoy は動名詞しか目的語にとらない、hope は不定詞しか目的語にとらない、remember は動名詞、不定詞の両方を目的語にとる、といったこと。

📍 英文法の見取り図 14　動名詞の全体図

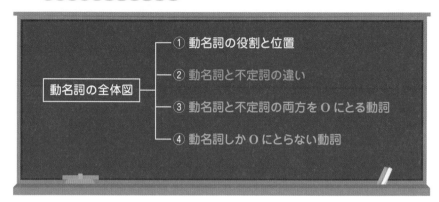

例えば、take pictures「写真を撮る」を動名詞にすると、taking pictures「写真を撮ること」となります。

動名詞を理解するには、まず① **動名詞の役割と位置**を理解します。「〜すること」と名詞のカタマリを作って、英文の S・O・C のいずれかになります。

続いて、② **動名詞と不定詞（名詞的用法）の違い**を学びます。動名詞と不定詞の名詞的用法は、「〜すること」と訳して名詞の働きをしますが、違いがあります。**動名詞は過去志向、不定詞は未来志向のとき**に使います。

そして、③ **動名詞と不定詞の両方を O にとる動詞**を学んでいきます。**remember** がその代表例で、**forget** も両方を O にとります。remember *doing* と remember to *do* の違いは何かを学んでいきます。

最後に、④ **動名詞しか O にとらない動詞**を学んでいきます。**反復・中断・逃避**のイメージを持つ動詞と動名詞が、相性がいいです。

POINT これを覚える！

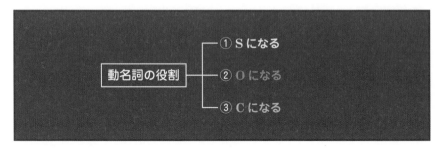

— 基本例文 —

① **Getting up early** is good for your health.
早起きは健康に良い。
② I enjoy **reading books**.
私は本を読むのを楽しみます。
③ My hobby is **watching movies**.
私の趣味は映画を観ることです。

　動名詞は「〜すること」という意味で、名詞の意味のカタマリを作ります。例文①〜③で、**Getting up early**「早起きをすること」、**reading books**「本を読むこと」、**watching movies**「映画を観ること」が名詞のカタマリです。

　文中で使われる箇所は、① **S**、② **O**、③ **C** です。例文①では、**Getting up early** で、「早起きをすること」という S のカタマリを作っています。

　次に、例文② では、**reading books** が「本を読むこと」という O のカタマリを作っています。

　最後に、例文③では、**watching movies** が「映画を観ること」という C のカタマリを作っています。

日本文に合うように、空所に入る適切な語の番号を選びなさい。

1 テレビゲームをすることは楽しい。
　⇒（　　　）video games is fun.
　　① Play　　　　② Playing

2 私はテレビゲームをすることが好きだ。
　⇒ I like（　　　）video games.
　　① play　　　　② playing

3 私の趣味はサッカーの試合を見ることだ。
　⇒ My hobby is（　　　）soccer games.
　　① watch　　　　② watching

日本文に合うように、空所に与えられた文字から始まる適切な英単語を書きなさい。

4 私は音楽を聴くのが好きだ。
　⇒ I like（ **l**　　　　　）to music.

5 私の趣味は泳ぐことです。
　⇒ My hobby is（ **s**　　　　　）.

6 私はたばこを吸うのをやめた。
　⇒ I gave up（ **s**　　　　　）.

解答は別冊020ページ

POINT これを覚える！

	前置詞の後ろに置けるか	過去志向	未来志向
動名詞	◎	◎	×
不定詞（名詞的用法）	×	×	◎

基本例文

① I am good at speaking English.
私は英語を話すのが得意です。
② My hobby is watching movies.
私の趣味は映画を観ることです。
③ My dream is to live abroad.
私の夢は海外で暮らすことです。

　ここまで学習してきた方は、**不定詞の名詞的用法**と**動名詞**が、とても似ていると思ったことでしょう。意味は「**〜すること**」で、役割は**名詞のカタマリ**を作り、**S・O・C になる**ことができます。

　両者の違いは、① 前置詞の後ろに置けるか置けないかです。**動名詞**は**前置詞の後ろに置く**ことができますが、**不定詞は置けません**。上の例文①では、前置詞 at の後ろには、動名詞しか置けず、不定詞は認められません。

　続いて、**動名詞**と**不定詞**の根本的な違いは、その時間の意識です。同じ「〜すること」でも、**動名詞**は「**今までやっていたこと**」、**不定詞**は「**これからすること**」を指します。簡単に言うと、**動名詞**は**過去**、**不定詞**は**未来**に意識が向かいます。例文②の **hobby**「趣味」は、すでにしていることなので、**動名詞**を使います。例文③の **dream**「夢」は、これからすることなので、未来に意識が向かう**不定詞**を使います。

日本文に合うように、空所に入る適切な語（句）の番号を選びなさい。

1 私はサッカーが得意だ。
　⇒ I am good at（　　）soccer.
　　① playing　　② to play

2 彼は教師になることに興味がある。
　⇒ He is interested in（　　）a teacher.
　　① becoming　　② become

3 私の趣味は写真を撮ることだ。
　⇒ My hobby is（　　）pictures.
　　① taking　　② to take

　日本文に合うように、空所に与えられた文字から始まる適切な英単語を書きなさい。

4 私の夢は、弁護士になることだ。
　⇒ My dream is（ **t**　　　）（ **b**　　　）a lawyer.

5 私は歌うのが得意だ。
　⇒ I am good at（ **s**　　　）.

6 私の夢は、会社を経営することだ。
　⇒ My dream is（ **t**　　　）（ **r**　　　）a company.

解答は別冊020ページ

POINT これを覚える！

動名詞と不定詞両方を O にとる動詞 ── ① remember
　　　　　　　　　　　　　　　　 ── ② forget

基本例文

① **I remember posting your letter.**
私はあなたの手紙を出したのを覚えている。
Remember to post the letter.
その手紙を出すことを覚えておいて（忘れずにその手紙を出して）。

② **I will never forget meeting her.**
私は彼女と出会えたことを決して忘れない。
Don't forget to clean the room.
忘れずに部屋を掃除してください。

　動名詞と不定詞の両方を目的語にとる動詞には、**remember**「覚えている」と **forget**「忘れる」があります。

　remember *doing* は、「（過去に）～したことを覚えている」で、**remember to** *do* は、「（未来に）～することを覚えている」です。**remember to** *do* は、「～する義務を覚えている」＝「**忘れずに～する**」と使います。例文①でも、「（これから）手紙を出す義務を覚えておいて」＝「**忘れずに手紙を出して**」と意訳します。

　次に、**forget** *doing* は、「（過去に）～したことを忘れる」です。**forget to** *do* は、例文②のように、Don't forget to *do* ～.「**（これから）～することを忘れないで**」と否定文でよく使います。

日本文に合うように、空所に入る適切な語（句）の番号を選びなさい。

1 私はパーティーであなたに会ったことを覚えている。
⇒ I remember （　　　） you at the party.
　① meeting　　　② to meet

2 私に車を返すのを忘れないで。
⇒ Don't forget （　　　） my car to me.
　① returning　　② to return

3 着替えを持ってくるのを覚えておいてください。
⇒ Please remember （　　　） a change of clothing.
　① taking　　　② to take

日本文に合うように、空所に与えられた文字から始まる適切な英単語を書きなさい。

4 私は昨年アメリカを訪れたことを決して忘れないでしょう。
⇒ I'll never （ f　　　　）（ v　　　　） America last year.

5 そこであなたに出会ったことを覚えているよ。
⇒ I （ r　　　）（ m　　　　） you there.

6 私はあの学校で学んだことを決して忘れないでしょう。
⇒ I will never （ f　　　）（ s　　　　） at that school.

解答は別冊021ページ

POINT これを覚える！

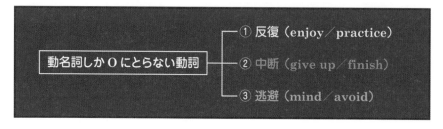

✎ 基本例文

① **I enjoy playing the piano** at home.
　私は家でピアノを弾いて楽しむ。
② **I gave up smoking** last year.
　私は昨年、たばこを吸うのをやめた。
③ I don't **mind driving** if you are tired.
　もしあなたが疲れているなら、私が運転してもかまわないよ。

　ここまで、**動名詞の時間的意味**は「**過去に向かう**」と説明しました。特に、趣味などは、今までやってきたことなので、動名詞を好んで使うと説明しました。

　一方で、**趣味とは「繰り返し、反復して行うもの」**です。動名詞は、この①**反復**のイメージも持つので、**そのイメージの動詞と目的語として引き合います。**

　enjoy *doing*「～して楽しむ」は例文①のように、**趣味をイメージするもの**で、enjoy の O には動名詞を使います。そして、**practice**「練習する」もまさに**反復すること**なので、動名詞を O にとります。

　続いて、② **give up**「やめる」や **finish**「終える」といった**中断**のイメージの動詞も、O に動名詞をとります。

　最後に、③ **mind**「気にする」、**avoid**「避ける」という**逃避**（逃げたり避けたりする）のイメージの動詞も、O に動名詞をとります。

日本文に合うように、空所に入る適切な語（句）の番号を選びなさい。

1 彼は昨年、お酒を飲むのをやめた。
⇒ He gave up （　　　） last year.
① drinking　　② to drink

2 私は毎日、本を読んで楽しむ。
⇒ I enjoy （　　　） books every day.
① reading　　② read

3 窓を開けてもらえますか（= 窓を開けるのを気にしますか）？
⇒ Would you mind （　　　） the window?
① opening　　② to open

日本文に合うように、空所に与えられた文字から始まる適切な英単語を書きなさい。

4 私は昨晩、その報告書を読み終えた。
⇒ I （ **f**　　　）（ **r**　　　） the report last night.

5 私は夜に1人で歩くのを避けている。
⇒ I （ **a**　　　）（ **w**　　　） alone at night.

6 私は昨晩のパーティーで歌って楽しんだ。
⇒ I （ **e**　　　）（ **s**　　　） at the party last night.

解答は別冊021ページ

POINT これを覚える！

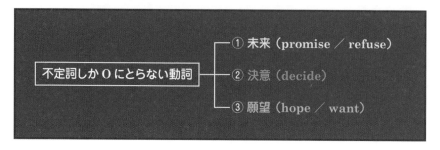

不定詞しかOにとらない動詞
- ① 未来（promise ／ refuse）
- ② 決意（decide）
- ③ 願望（hope ／ want）

✎ 基本例文

① **I don't promise to do** what I can't do.
　私はやれないことをやるとは約束しない。

② **I decided to study** abroad.
　私は留学することに決めた。

③ **I hope to see** you at the next party.
　私は次のパーティーであなたに会うことを希望する。

　今まで見てきたように、不定詞の時間的意味は、① **未来**（これからすること）が基本です。

　そのイメージから、例えば **promise**「約束する」の目的語は、**これからすること**なので、不定詞と引き合います。**refuse**「拒絶する」の目的語も、**これからすることを拒む**ので、不定詞と引き合います。

　次に、② **これからすることを決める**といった**決意**の文脈でも、目的語に不定詞をとります。「～することに決める」の **decide** も不定詞と引き合います。

　最後に、③ **これから何かをしたい**といった**願望**を表す文脈でも、目的語に不定詞を使います。**hope**「希望する」や、**want**「望む」が不定詞と引き合います。want を丁寧にした **would like** も不定詞と引き合います。

日本文に合うように、空所に入る適切な語（句）の番号を選びなさい。

1 彼女は1人で海外に行くことに決めた。

⇒ She decided (　　　) abroad alone.

① going　　　② to go

2 彼は彼女と話すことを拒んだ。

⇒ He refused (　　　) with her.

① talking　　　② to talk

3 私はいつかあなたの町を訪れることを約束する。

⇒ I promise (　　　) your town someday.

① to visit　　　② visiting

日本文に合うように、空所に与えられた文字から始まる適切な英単語を書きなさい。

4 私は次の会議であなたと話すことを希望します。

⇒ I (**h**　　　) (**t**　　　) (**t**　　　) with you at the next meeting.

5 私は車で行くことに決めた。

⇒ I (**d**　　　) (**t**　　　) (**g**　　　) in the car.

6 私はあなたに感謝の気持ちを表したい。

⇒ I (**w**　　　) (**l**　　　) (**t**　　　) express my appreciation to you.

解答は別冊021ページ

問題

| Q. 1　動名詞の形と役割は？

| Q. 2　前置詞の後ろに置けるのは、動名詞 or 不定詞（名詞的用法）？

| Q. 3　動名詞と不定詞は、どちらが過去志向？

| Q. 4　動名詞と不定詞は、どちらが未来志向？

| Q. 5　動名詞と不定詞の両方を目的語にとれる動詞を２つあげなさい。

| Q. 6　remember to do と remember doing の違いは？

| Q. 7　forget to do と forget doing の違いは？

| Q. 8　「反復」のイメージを持ち、動名詞を目的語にとる動詞を２つあげなさい。

| Q. 9　「中断」のイメージを持ち、動名詞を目的語にとる動詞を２つあげなさい。

| Q. 10　「逃避」のイメージを持ち、動名詞を目的語にとる動詞を２つあげなさい。

| Q. 11　不定詞しか O にとらない、「未来」のイメージを持つ動詞を２つあげなさい。

| Q. 12　不定詞しか O にとらない、「決意」を表す動詞を１つあげなさい。

| Q. 13　不定詞しか O にとらない、「願望」を表す２つの動詞は？

A. 1 *do*ing、「〜すること」という名詞のカタマリを作る

A. 2 動名詞

A. 3 動名詞

A. 4 不定詞

A. 5 remember「覚えている」、forget「忘れる」

A. 6 remember to *do*「（これから）〜すべきことを覚えている」、
remember *do*ing「〜したことを覚えている」

A. 7 forget to *do*「（これから）〜すべきことを忘れる」、
forget *do*ing「〜したことを忘れる」

A. 8 enjoy「楽しむ」、practice「練習する」

A. 9 give up「やめる」、finish「終える」

A. 10 mind「気にする」、avoid「避ける」

A. 11 promise to *do*「〜することを約束する」、refuse to *do*「〜することを拒絶する」

A. 12 decide to *do*「〜することに決める」

A. 13 hope to *do*「〜することを希望する」、want to *do*「〜したい」、
would like to *do*「〜したい」の中から2つ

第7章 動名詞

動名詞の重要表現を攻略する!!

　動名詞には様々な重要表現があって、いずれも入試に頻出なので、チェックしていきます。次の例文をご覧ください。

---

① **There is no stopping** them.
訳 彼らを止めることは**できない**。
② **It is no use crying** over spilt milk.
訳 覆水盆に返らず。
③ **It goes without saying that** honesty is the best policy.
訳 正直は最善の策であること**は言うまでもない**。
④ **When it comes to speaking** English, I am not as good as him.
訳 英語を話す**ことになると**、私は彼ほどうまくない。
⑤ I **feel like dancing** now.
訳 今踊り**たい気分だ**。

---

　①はもともと **There is no way of** *doing* 〜 .「**〜する方法がない**」で、**way of** が省略されて、**There is no** *doing* 〜 .「**〜できない**」となりました。②は It が形式主語の it で *doing* 以下を指して、**use** は名詞の「役に立つこと」です。**It is no use** *doing* 〜 .「〜することは役に立たない」＝「〜しても無駄だ」になりました。②の例文は「こぼれたミルクを嘆いても無駄だ」＝「覆水盆に返らず」で、終わったことを後悔してもしかたがないという意味になります。

　③は It が**状況の** it で **It goes without saying that** 〜 .「〜を言わなくても状況は進む」＝「**〜は言うまでもない**」になります。④は it が話の話題で **when it comes to** *doing* 〜 ,「話題が〜にやって来ると」＝「**〜することになると**」です。⑤は**前置詞の** like「〜のように」を使って **feel like** *doing*「〜するように感じる」＝「**〜したい気がする**」です。

第8章

分詞

分詞の種類と役割

introduction

📍 文法用語の説明から

本編に入る前に、まず文法用語について確認しておきましょう。

用　語	解　説
分詞（ぶんし）	動詞の役割を超えて**形容詞の働き**をするもの。**現在分詞**と**過去分詞**がある。
能動と受動（のうどう じゅどう）	能動が普通の表現で「〜する」。受動が反対で「れる・られる」や「される」の意味。例えば、「盗む」は能動で、「盗まれる」は受動。
現在分詞（げんざいぶんし）	動詞の原形に ing を付けたもの。形は動名詞と同じ。能動「〜する」・進行「〜している」の意味で、形容詞の役割をする。例えば、a **sleeping** baby「**眠っている**赤ん坊」の sleeping が現在分詞。
過去分詞（かこぶんし）	動詞の変化の3番目のもの。受動「れる・られる」や完了「〜した」の意味で、形容詞の役割をする。例えば、a **broken** glass「**割れた**グラス」の broken が過去分詞。
分詞構文（ぶんしこうぶん）	接続詞や共通の主語を省略して、現在分詞や過去分詞を使った構文。*Doing*（P.P.）〜, SV…、SV…, *doing*（p.p.）〜. の形。Seen from space, the earth looks round.「宇宙から見ると、地球は丸く見える」などの文のこと。
付帯状況の with（ふたいじょうきょう）	with の後ろに O、C という文の要素を2つ置いて、文の前後にある状況を加える表現。with O C「O を C しながら」と訳す。with your eyes closed「目を閉じたままで」などの with のこと。

英文法の見取り図 15 分詞の種類

分詞の種類 ── ① 現在分詞（*do*ing）＝ 能動・進行の意味
　　　　　　└ ② 過去分詞（p.p.）　＝ 受動・完了の意味

　分詞は、**名詞を修飾**したり、**補語の位置で使用**したりすることができます。名詞を修飾したり、補語で使用したりするのは、まさに**形容詞の役割と同じ**です。そこに、**動詞の性質をプラス**したものになります。

　例えば、a cute baby「かわいい赤ん坊」では、cute という形容詞が baby を修飾しています。そこに動詞の性質をプラスしたい場合に、a sleeping baby「眠っている赤ん坊」のように、分詞の sleeping が登場します。

　分詞には、**現在分詞**（*do*ing）と**過去分詞**（p.p.）の2つが存在します。**現在分詞**は、**形は動名詞と同じ**で、**動詞を ing 形にしたもの**です。**過去分詞**は、動詞の変化の3番目です。break-broke-broken の **broken** が過去分詞です。

　それぞれ持っている意味が異なり、**現在分詞**は「**〜している**」という**能動・進行**の意味です。**過去分詞**は「**〜された**」という**受動・完了**の意味です。

　例えば、a **sleeping** baby「眠っている赤ん坊」の現在分詞 **sleeping** は「赤ん坊が眠る」という**能動**の意味と、「〜している」という**進行**の意味を持っています。

　次に、a **broken** door「壊れたドア」の過去分詞 **broken** は、「ドアが壊された」という**受動**の意味と、「壊れた」という**完了**の意味を持っています。

— ① 名詞修飾の分詞

分詞の役割 —— ② 補語で使われる分詞

— ③ 分詞構文

✎ 基本例文

① **A sleeping baby is very cute.**
眠っている赤ん坊は、とてもかわいい。

② **He sat reading a magazine.**
彼は雑誌を読みながら座っていた。

I heard someone calling my name.
私は誰かが私の名前を呼んでいるのが聞こえた。

③ **Turning to the right, you'll see the station.**
右に曲がると、駅が見えますよ。

　分詞がどのような働きをするかは、大きく3つに分けることができます。1つ目が、① **名詞を修飾する役割**です。例文① A **sleeping** baby「眠っている赤ん坊」のように、現在分詞の sleeping が名詞の baby を修飾します。

　続いて、② **補語で分詞を使用する**ことができます。例えば、例文②の1つ目は、第2文型の補語で、現在分詞 **reading** が使用されています。例文②の2つ目の文は、現在分詞 **calling** が第5文型の補語で使われています。

　最後に、③ **分詞構文**です。**分詞構文は、現在分詞や過去分詞を使った構文**で、**接続詞や主語を省いて、簡単な表現にする**ものです。例えば、例文③は現在分詞 **turning** を用いて、**分詞構文**を作っています。

　もともとは、If you turn to the right, you'll see the station. という文を、**接続詞の if や主語の you を省略して、簡単な文にできるのが、分詞構文**です。

doing の３用法？？

その１　*to do*（不定詞）の３用法

① My dream is **to become** a singer.
「私の夢は歌手になることだ」

② This is a good room **to sleep** in.
「これは寝るのに良い部屋だ」

③ He studied hard **to become** a lawyer.
「彼は弁護士になるために、一生懸命勉強した」

その２　*doing*（動名詞・分詞・分詞構文）の３用法

④ My hobby is **collecting** stamps.
「私の趣味は切手を集めることです」

⑤ I love the baby **sleeping** in the cradle.
「私はゆりかごで眠っているその赤ん坊が大好きだ」

⑥ He studied hard, **becoming** a lawyer.
「彼は一生懸命勉強して、弁護士になった」

　すでに学習したとおり、**to do**（不定詞）には、３用法があります。**名詞的用法**、**形容詞的用法**、**副詞的用法**です。実は、「*doing* にも３用法があるのでは？」と考えてみます。

　例文④は、*doing* の**名詞的用法**です。これを動名詞といいます。そして、例文⑤は、*doing* の**形容詞的用法**です。これを分詞（現在分詞）といいます。例文⑥は、*doing* の**副詞的用法**です。これを分詞構文といいます。

　実は、動名詞とは *doing* を名詞的に使うもの、分詞（現在分詞）とは *doing* を形容詞的に使うもの、分詞構文とは *doing* を副詞的に使うものなのです。

　動名詞の名前を基準にすると、分詞は**動形容詞**、分詞構文は**動副詞**のようなネーミングになるでしょうか。

第57講 名詞を修飾する分詞

POINT これを覚える！

名詞修飾の分詞の2パターン
- ① 単独修飾 ⇒ 前から修飾
- ② 複数修飾 ⇒ 後ろから修飾

基本例文

① **The sleeping baby is my daughter.**
その眠っている赤ん坊は、私の娘です。

② **The baby sleeping in the cradle is my daughter.**
ゆりかごで眠っている赤ん坊は、私の娘です。

　分詞が単独で名詞を修飾する場合は、**前から修飾**します。例文①のように、sleeping だけの修飾なら、前に置いて、the **sleeping** baby とします。**fallen** leaves「落ち葉」、an **exciting** game「ワクワクする試合」なども同じです。

　続いて、**分詞が修飾語句を伴って名詞を修飾**する場合、**後ろから修飾**します。例文②のように、sleeping に in the cradle が合わさると、後ろに置いて、the baby **sleeping** in the cradle とします。

　分詞が単独ならば前から修飾して、分詞プラスαならば後ろから修飾することを理解したら、次のステップです。**能動の意味なら現在分詞**を使って、**受動の意味なら過去分詞**を使います。

　例えば、「走っている犬」なら、「**犬**」と「**走る**」は能動の関係なので、現在分詞で、a **running** dog とします。一方で、「割れたグラス」なら、「**グラス**」と「**割る**」は受動の関係なので、過去分詞の broken で **broken** glass とします。

日本文に合うように、空所に入る適切な語の番号を選びなさい。

1 盗まれた財布
⇒ a（　　　）wallet
① stealing　　② stolen

2 ブルーのシャツを着ている少年
⇒ a boy（　　　）a blue shirt
① wearing　　② worn

3 ベッドで眠っている女性
⇒ a woman（　　　）in a bed
① slept　　　② sleeping

日本文に合うように、空所に与えられた文字から始まる適切な英単語を書きなさい。

4 公園で走っている少年
⇒ a boy（ **r**　　　　）in the park

5 私は英語で書かれている本を買った。
⇒ I bought a book（ **w**　　　　）（ **i**　　　　）English.

6 赤いドレスを着ている女性は誰ですか？
⇒ Who is the woman（ **w**　　　　）a red dress?

解答は別冊022ページ

第58講 補語で使われる分詞

POINT これを覚える！

補語で使われる分詞 ── ① 第2文型（SVC）の補語
── ② 第5文型（SVOC）の補語
── ③ 付帯状況の with（with O C）の補語

基本例文

① **He sat reading a book.**
彼は本を読みながら座っていた。
② **I heard my name called from behind.**
私は自分の名前が背後から呼ばれるのが聞こえた。
③ **He often thinks with his eyes closed.**
彼はよく目を閉じながら考えごとをする。

分詞を補語（C）で使用する場合は、3パターンです。

まず、① **第2文型（SVC）の補語**では、**S と C が能動なら現在分詞、受動なら過去分詞**を使います。例文①のように、He と read a book が「彼が本を読む」と能動の関係なので、現在分詞 reading にします。

次に、② **第5文型（SVOC）の補語**では、**O と C が能動なら現在分詞、受動なら過去分詞**です。例文②は、my name と call が「私の名前が呼ばれる」と受動の関係なので、過去分詞の called にします。

最後に、③ **付帯状況の with（with O C）の補語**では、**O と C が能動なら現在分詞、受動なら過去分詞**です。例文③は、his eyes と close が「目が閉ざされる」と受動の関係なので、過去分詞の closed にします。

日本文に合うように、空所に入る適切な語の番号を選びなさい。

1 彼は自分の子どもに囲まれて座っていた。
⇒ He sat （　　） by his children.
① surrounding　　② surrounded

2 私は教室で自分の名前が呼ばれるのを聞いた。
⇒ I heard my name （　　） in the classroom.
① calling　　② called

3 （あなたを）ずっと待たせてごめんなさい。
⇒ I'm sorry to have kept you （　　）.
① waiting　　② waited

　日本文に合うように、空所に与えられた文字から始まる適切な英単語を書きなさい。

4 私は歯医者に歯を検査してもらった。
⇒ I had my teeth （ **c**　　） by the dentist.

5 私は彼女が自分を見ているのが見えた。
⇒ I （ **s**　　）（ **h**　　）（ **l**　　） at me.

6 長くお待たせしましたか？
⇒ Did I keep （ **y**　　）（ **w**　　） long?

解答は別冊022ページ

第59講 分詞構文の基本

POINT これを覚える!

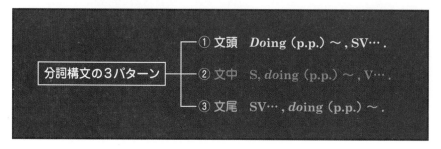

分詞構文の3パターン
- ① 文頭　*Doing*（p.p.）〜, SV… .
- ② 文中　S, *doing*（p.p.）〜, V… .
- ③ 文尾　SV…, *doing*（p.p.）〜 .

基本例文

① **Living in Hokkaido, I went skiing every year.**
　北海道に住んでいたので、私は毎年スキーに行った。
② **The student, shocked at the accident, wasn't able to move.**
　その生徒は、その事故に驚いて、動くことができなかった。
③ **She studied hard, becoming a lawyer.**
　彼女は一生懸命勉強して、弁護士になった。

　分詞構文は、現在分詞（*doing*）や過去分詞（p.p.）を使って、接続詞や主語を省略した表現です。分詞を中心に、主に3つの位置が存在します。

　① **文頭**は、*Doing*（p.p.）〜, SV… . です。例文①のように、**Living 〜,** I went … . となります。文頭では**時「〜すると、〜して」**か**理由「〜なので」**で訳します。

　② **文中**は、S, *doing*（p.p.）〜, V… . です。例文②のように、The student, shocked 〜, wasn't … . となります。文中は「**S が〜して、V する**」と訳します。

　③ **文尾**は、SV…, *doing*（p.p.）〜. です。例文③のように、She studied …, becoming 〜. となります。文尾は、「**S が V する、そして〜（〜しながら）**」と訳します。

日本文に合うように、空所に入る適切な語の番号を選びなさい。

1 警官を見ると、彼は逃げ出した。
⇒（　　　）the policeman, he ran away.
① Seen　　　　② Seeing

2 彼は一生懸命勉強して、医者になった。
⇒ He studied hard,（　　　）a doctor.
① become　　　② becoming

3 私はソファでテレビを見ながら、家族と話をした。
⇒ I talked with my family,（　　　）TV on the sofa.
① watching　　② watch

　日本文に合うように、空所に与えられた文字から始まる適切な英単語を書きなさい。

4 海のそばに住んでいたので、毎日泳ぎに行っていた。
⇒（**L**　　　　）by the sea, I went swimming every day.

5 見上げると、空を鳥が飛んでいた。
⇒（**L**　　　）（**u**　　　　）, I saw a bird flying in the sky.

6 一生懸命勉強すると、あなたは試験に合格するよ。
⇒（**S**　　　）（**h**　　　　）, you'll pass the exam.

解答は別冊022ページ

第60講 分詞構文の重要表現

POINT これを覚える!

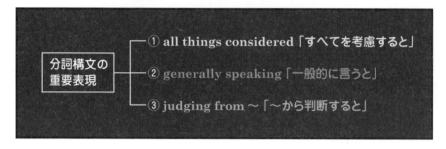

分詞構文の
重要表現

① all things considered「すべてを考慮すると」

② generally speaking「一般的に言うと」

③ judging from ～「～から判断すると」

✎ 基本例文

① **All things considered**, he was a good person.
すべてを考慮すると、彼は良い人だった。

② **Generally speaking**, Japanese people work very hard.
一般的に言うと、日本人はとても熱心に働く。

③ **Judging from** his appearance, he must be rich.
外見から判断すると、彼はお金持ちに違いない。

---

① **all things considered**「すべてを考慮すると」は、all things が分詞の主語で、**considered**「考慮される」と**受動の意味の過去分詞**を使います。

「～を考慮すると」と、目的語と能動の意味になると、**considering** ～とします。**Considering** his age, he looks young.「年齢**を考慮すると**、彼は若く見える」のように使います。

続いて、② **generally speaking**「一般的に言うと」です。generally を strictly、frankly に変えると、**strictly speaking**「厳密に言うと」、**frankly speaking**「率直に言うと」になります。

最後に、③ **judging from ～**「～から判断すると」です。「見た目から判断すると」や「天気から判断すると」という文脈で使います。

日本文に合うように、空所に入る適切な語（句）の番号を選びなさい。

1 すべてを考慮すると、彼女は良い生徒だ。
⇒ All things （　　　）, she is a good student.
① considered　　　② considering

2 一般的に言うと、男性は女性よりも体が強い。
⇒ Generally （　　　）, men are stronger than women.
① speaking　　　② spoken

3 空模様から判断すると、明日は雨かもしれない。
⇒ （　　　） the look of the sky, it may rain tomorrow.
① Judged from　　　② Judging from

　日本文に合うように、空所に与えられた文字から始まる適切な英単語を書きなさい。

4 率直に言うと、あなたには賛成できない。
⇒ （ **F**　　　　）（ **s**　　　　）, I cannot agree with you.

5 年齢を考慮すると、彼女は健康だ。
⇒ （ **C**　　　　） her age, she is healthy.

6 一般的に言うと、日本は湿度がとても高い。
⇒ （ **G**　　　　）（ **s**　　　　）, it is very humid in Japan.

解答は別冊023ページ

問 題

Q. 1 分詞の役割は?

Q. 2 分詞の種類とそれぞれが持つ意味は?

Q. 3 「盗まれた財布」は英語で何というか?

Q. 4 「公園で走っている少年」は英語で何というか?

Q. 5 第2文型（SVC）の C に分詞を使う際、どう判断する?

Q. 6 sit（　　）by his children「彼の子どもたちに**囲まれて座る**」の（　）には何が入る?

Q. 7 第5文型（SVOC）の C に分詞を使う際、どう判断する?

Q. 8 hear my name（　　　）「私の名前が**呼ばれる**のが聞こえる」の（　）には何が入る?

Q. 9 with his eyes（　　　）「彼の目を**閉じた**ままで」の（　）には何が入る?

Q. 10 分詞構文とはどんな構文?

Q. 11 文頭・文の後ろに置かれた分詞構文はどう訳す?

Q. 12 分詞構文で「すべてを考慮すると」は?

Q. 13 分詞構文で「〜を考慮すると」は?

Q. 14 分詞構文で「一般的に言うと」は?

Q. 15 分詞構文で「〜から判断すると」は?

解答

A. 1 形容詞の役割で名詞を修飾したり、SVC、SVOC の C で使われたりする。分詞構文で使われたりする

A. 2 現在分詞が能動、進行の意味で、過去分詞が受動、完了の意味

A. 3 a stolen wallet

A. 4 a boy running in the park

A. 5 S と C が能動なら現在分詞、受動なら過去分詞

A. 6 surrounded

A. 7 O と C が能動なら現在分詞、受動なら過去分詞を使う

A. 8 called

A. 9 closed

A. 10 接続詞と主語が省略されて、現在分詞や過去分詞を使う表現

A. 11 文頭は「〜して」、「〜すると」か「〜ので」。文の後ろは「そして〜」、「〜しながら」

A. 12 all things considered

A. 13 considering

A. 14 generally speaking

A. 15 judging from

付帯状況の with を攻略する !!

　第58講で**付帯状況の with** を紹介しました。文の前後に状況を加えて説明する表現です。with の後ろに OC と2つの文の要素を並べて表現します。次の例文をご覧ください。

---

① He was sitting on the sofa **with his eyes closed**.
訳 彼は**目を閉じたまま**ソファに座っていた。

② He was standing **with his arms folded**.
訳 彼は**腕を組んで**立っていた。

③ He sat on the chair **with his legs crossed**.
訳 彼は**足を組んで**いすに座っていた。

④ Don't speak **with your mouth full**.
訳 **口いっぱいに食べ物を入れて**話してはいけない。

---

　①の **with one's eyes closed**「目を閉じたままで」は、すでに紹介した表現で、一番頻度が高いので、必ずおさえておきましょう。one's は your, his, her などの所有格が入ります。

　②は **with one's arms folded**「腕を組んだままで」という表現です。fold が「折りたたむ」という意味なので、直訳すると「腕が折りたたまれて」＝「腕を組んだままで」になります。

　続いて、③ **with one's legs crossed**「足を組んだままで」になります。cross が「交差する」なので、直訳すると「足が交差されたままで」＝「足を組んだままで」になります。

　最後が④ **with one's mouth full**「口いっぱいに食べ物を入れて」です。①〜③までは C に過去分詞が使われていましたが、この表現では full「いっぱいだ」という形容詞が使われていることに注意しましょう。直訳すると「口をいっぱいにしたままで」＝「口いっぱいに食べ物を入れて」になります。

第9章

準動詞

準動詞の全体図と"横断ルール"

英文法の見取り図 17 準動詞の全体図

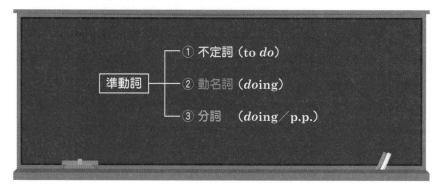

準動詞 ─┬─ ① 不定詞 （to do）

　　　　├─ ② 動名詞 （doing）

　　　　└─ ③ 分詞 　（doing／p.p.）

> 準動詞 ＝ 動詞が変化した**不定詞**・**動名詞**・**分詞**の総称

　動詞の形を変えて、動詞以外の品詞（名詞・形容詞・副詞）の役割をもたせたものを準動詞といいます。今まで学習してきた**不定詞**・**動名詞**・**分詞**の3つです。すでに、**不定詞** ⇒ **動名詞** ⇒ **分詞**と、各分野を1つずつ整理して学んだので、全分野に共通するルールを一気にまとめて見ていきます。

英文法の見取り図 18 準動詞の横断ルール

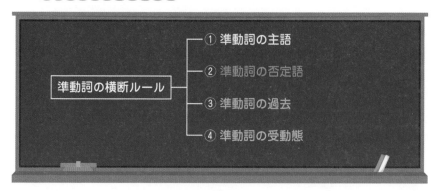

準動詞の横断ルール ─┬─ ① 準動詞の主語

　　　　　　　　　　├─ ② 準動詞の否定語

　　　　　　　　　　├─ ③ 準動詞の過去

　　　　　　　　　　└─ ④ 準動詞の受動態

基本例文

① **It is important for you to study English.**
あなたが英語を勉強するのは重要です。

② **I decided not to go there.**
私は、そこに行かないことに決めた。

③ **She seems to have been very beautiful when she was young.**
彼女は若かったとき、とても美しかったようだ。

④ **Seen from space, the earth looks round.**
宇宙から見ると、地球は丸く見える。

　1つ目は、① **準動詞の主語**です。不定詞・動名詞・分詞構文の主語を置く際には、どういう形で置くのかを学びます。例文①では、不定詞 to study の主語を、**for you** という形で置きます。

　次に、② **準動詞の否定語**です。**not** の頭出しといって、**not** を一番前に置くのが共通ルールです。不定詞は例文②のように **not to do** とします。

　続いて、③ **準動詞の過去**です。準動詞の過去は、**本動詞（文の動詞）より以前を準動詞で表す**際に、どういった形で表すかというルールです。例えば、例文③は、本動詞は seems で、準動詞（不定詞）が to have been です。seems「思える」は現在で、to have been「〜だった」のは、それより以前のことなので、**完了不定詞（to have p.p.）**で表すというルールです。

　最後に、④ **準動詞の受動態**です。**不定詞**（to be p.p.）、**動名詞**（being p.p.）、**分詞構文**（p.p. 〜 , SV）と1つずつ見ていきます。

第61講 準動詞の主語

POINT これを覚える!

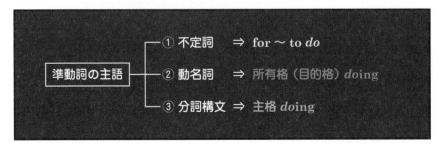

準動詞の主語
- ① 不定詞 ⇒ for ~ to *do*
- ② 動名詞 ⇒ 所有格(目的格)*doing*
- ③ 分詞構文 ⇒ 主格 *doing*

基本例文

① **It is important for us to read books.**
   私たちが読書をすることは重要だ。

② **I don't like your (you) speaking ill of others.**
   私は、あなたが他人の悪口を言うのが好きではない。

③ **It being fine, we went on a picnic.**
   晴れていたので、私たちはピクニックに出かけた。

① 不定詞の主語は、to *do* の前に **for ~** の形で置きます。前置詞 for の後ろなので、~は**目的格**です。例文①は、It is 形容詞 **for ~ to *do*.** の構文です。**for ~** は不定詞 to *do* の主語で、「**私たちが**読書をすること」となります。

次に、② **動名詞の主語**は、***doing*** の前に所有格(目的格)の形で置きます。例えば、driving a car「車を運転すること」に「彼が」という主語を加えたい場合は、**his (him)** driving a car とします。所有格が正式な形ですが、例文②のように、動名詞が文の目的語の場合は、目的格の you でも動名詞の主語を表すことができます。

最後に、③ **分詞構文の主語**です。例文③のように、**英文の主語 (we) と異なる場合は主格の形で being の前に置きます**。例文③は天気の話なので、天候の it を文頭に置きます。

日本文に合うように、空所に入る適切な語（句）の番号を選びなさい。

1 子どもたちがこの川で泳ぐのは危険だ。

⇒ It is dangerous（　　）children to swim in this river.

① of　　　　② for

2 母は、私が1人でそこへ行くことを好まない。

⇒ My mother doesn't like（　　）going there alone.

① I　　　　② my

3 とても寒かったので、彼女は1杯の温かいお茶を飲んだ。

⇒（　　）very cold, she had a cup of hot tea.

① Doing　　② It being

日本文に合うように、空所に与えられた文字から始まる適切な英単語を書きなさい。

4 私たちがその仕事を終えることが必要だ。

⇒ It is necessary（ **f**　　　）（ **u**　　　）to finish the work.

5 彼は、彼女が自分と一緒に来るべきだと主張した。

⇒ He insisted on（ **h**　　　）（ **c**　　　）with him.

6 雨が降っていたので、私はその計画を中止した。

⇒（ **I**　　　）（ **b**　　　）rainy, I canceled the plan.

解答は別冊023ページ

第**62**講 準動詞の否定語

POINT これを覚える！

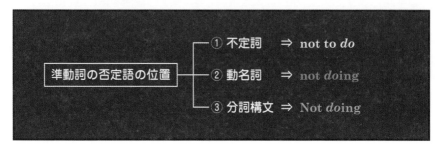

準動詞の否定語の位置 ── ① 不定詞 ⇒ not to *do*
── ② 動名詞 ⇒ not *do*ing
── ③ 分詞構文 ⇒ Not *do*ing

基本例文

① **I decided not to work there.**
私はそこで働かないことに決めた。

② **He is ashamed of not knowing the fact.**
彼はその事実を知らないことを恥ずかしく思っている。

③ **Not feeling well, I took a rest for a while.**
気分がよくなかったので、私は少し休憩した。

準動詞の否定語のキーワードは、**not の頭出し**です。**準動詞すべてで、not を準動詞の前に置いて否定を表します。** ① 不定詞は、**not to *do***、② 動名詞は **not *do*ing**、③ 分詞構文は **Not *do*ing** とします。

例文①は、**decide to *do***「〜することに決める」を「〜しないことに決める」とするときに、**not** を **to *do*** の前に置いて、**decide not to *do*** とします。

続いて、例文②は、動名詞 knowing the fact を否定します。**否定語の not を knowing の前に置いて、not knowing the fact**「その事実を知らないこと」とします。

最後に、例文③は、分詞構文の Feeling well, 〜.「気分がいいので、〜」を否定します。not を feeling の前に置いて、**Not feeling well,** 〜.「気分がよくないので、〜」とします。

日本文に合うように、空所に入る適切な語句の番号を選びなさい。

1 私はそこに行かないことに決めた。
⇒ I decided（　　）there.
　① to not go　　　② not to go

2 彼は、仕事が見つからないことにイライラしていた。
⇒ He was frustrated at（　　）a job.
　① not finding　　　② finding not

3 どうすべきかわからなかったので、私は途方に暮れていた。
⇒（　　）what to do, I was at a loss.
　① Not knowing　　　② Knowing not

　日本文に合うように、空所に与えられた文字から始まる適切な英単語を書きなさい。

4 私はその本を買わないことに決めた。
⇒ I decided（ **n**　　　）（ **t**　　　）（ **b**　　　）the book.

5 この部屋でたばこを吸わないでいただけますか？
⇒ Would you mind（ **n**　　　）（ **s**　　　）in this room?

6 何を言うべきかわからなかったので、私は黙っていた。
⇒（ **N**　　　）（ **k**　　　）what to say, I kept silent.

解答は別冊023ページ

第63講 準動詞の過去

POINT これを覚える！

準動詞の過去 ── ① 不定詞 ⇒ to have p.p.
          ── ② 動名詞 ⇒ having p.p.
          ── ③ 分詞構文 ⇒ having p.p.

基本例文

① He is said to have been smart when he was young.
彼は若い頃、賢かったと言われている。
② He is ashamed of **having told** her a lie.
彼は彼女に嘘を言ったことを恥ずかしく思っている。
③ **Having finished** her homework, she went shopping.
宿題を終えた後、彼女は買い物に出かけた。

　準動詞の過去は、**本動詞より以前を準動詞で表す**ことをいいます。**本動詞**は**文の動詞**を指し、準動詞との区別をするときに使います。

　本動詞より以前を準動詞で表したい場合、① **不定詞**では **to have p.p.** の形で表し、**完了不定詞**といいます。例文①でも、「賢かった」のは、本動詞の is said より以前のことなので、to have been で表します。

　続いて、② **動名詞**で本動詞より以前を表したい場合は、**having p.p.** の形で、**完了動名詞**といいます。例文②でも、「嘘を言った」のは、is ashamed「恥じている」より以前のことなので、having told にします。

　最後に、③ **分詞構文**で本動詞より以前を表したい場合は、**having p.p.** の形で、たいていは文頭に置きます。例文③でも、「宿題を終えた」のは、「買い物に出かけた」より以前の話なので、Having finished とします。

日本文に合うように、空所に入る適切な語（句）の番号を選びなさい。

1 彼女は若い頃、美しかったと言われている。
　　⇒ She is said（　　　）beautiful when she was young.
　　　① to be　　　　　　　② to have been

2 私は学校で怠けていたことを恥ずかしく思っている。
　　⇒ I'm ashamed of（　　　）lazy at school.
　　　① being　　　　　　　② having been

3 宿題を終えた後、彼は泳ぎに行った。
　　⇒（　　　）his homework, he went swimming.
　　　① Having finished　　② Finished

日本文に合うように、空所に与えられた文字から始まる適切な英単語を書きなさい。

4 彼はお金を全部なくしてしまったようだ。
　　⇒ He seems（ **t**　　　）（ **h**　　　）（ **l**　　　）all his money.

5 彼女は、若い頃に一生懸命勉強したことを誇りに思っている。
　　⇒ She is proud of（ **h**　　　）（ **s**　　　）hard when she was young.

6 すべてのお金を使っていたので、私はその本を買えなかった。
　　⇒（ **H**　　　）（ **s**　　　）all my money, I couldn't buy the book.

解答は別冊024ページ

第64講 準動詞の受動態

POINT これを覚える！

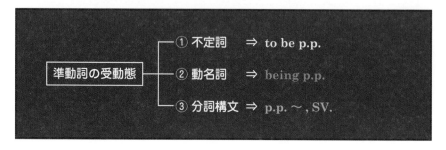

準動詞の受動態
- ① 不定詞 ⇒ to be p.p.
- ② 動名詞 ⇒ being p.p.
- ③ 分詞構文 ⇒ p.p. 〜 , SV.

基本例文

① **She wants to be loved by everyone.**
彼女はみんなに愛されたいと思っている。

② **I don't like being treated like a child.**
私は子どものように扱われるのが好きではない。

③ **Compared with her problems, my problems are nothing.**
彼女の問題と比べると、私の問題は何でもない。

　準動詞の受動態は、be 動詞 + 過去分詞（p.p.）で表すのが基本です。① **不定詞**は **to be p.p.**、② **動名詞**は **being p.p.**、③の**分詞構文**は being p.p. の being を省略して、**過去分詞の p.p. だけ**を残します。

　例文①は、want to *do* の to *do* に「愛される」という受動態を使って、**to be loved** とします。「みんなに**愛されること**を望む」となります。

　例文②は、like *doing* の *doing* に「扱われる」という受動態を使って **being treated** とします。「子どものように **扱われること**が好きではない」となります。

　例文③の Compared の主語は、文の主語の my problems です。「私の問題が〜と比べられる」は**受動の意味の過去分詞の Compared** を使います。**Compared with**「〜と比べると」は頻出なので、必ずおさえておきましょう。

日本文に合うように、空所に入る適切な語（句）の番号を選びなさい。

1 私は父にほめられるのが好きだ。
⇒ I like （　　　） by my father.
　① praising　　　　　② to be praised

2 私は叱られるのが好きではない。
⇒ I don't like （　　　）.
　① being scolded　　② be scolding

3 宇宙から見ると、地球は丸く見える。
⇒ （　　　） from space, the earth looks round.
　① Seeing　　　　　② Seen

日本文に合うように、空所に与えられた文字から始まる適切な英単語を書きなさい。

4 この会議で議論されている話題は難しい。
⇒ The topic to （ **b**　　　　）（ **d**　　　　） at this meeting is difficult.

5 人に愛されることは、力を与えてくれる。
⇒ （ **B**　　　　）（ **l**　　　　） by someone gives you strength.

6 トムと比べると、マイクはもう少し注意深い。
⇒ （ **C**　　　　）（ **w**　　　　） Tom, Mike is a little more careful.

解答は別冊024ページ

口頭 チェックテスト ▶▶▶ 第 **9** 章 準 動 詞

問 題

| Q. 1 | 準動詞には何がある？

| Q. 2 | 不定詞の主語はどんな形で置く？

| Q. 3 | It is 形容詞 for ～ to *do* …. は何て訳す？

| Q. 4 | 動名詞の主語はどんな形で置く？

| Q. 5 | 不定詞の否定形はどうする？

| Q. 6 | 動名詞と分詞構文の否定形は？

| Q. 7 | 完了不定詞はどんな形で、どんな役割か？

| Q. 8 | 完了動名詞はどんな形で、どんな役割か？

| Q. 9 | 分詞構文の完了形はどんな形で、どんな役割か？

| Q. 10 | 分詞構文でcompareを使って「～と比べると」は？

| Q. 11 | 不定詞で受動の意味を持たせるとどんな形になる？

| Q. 12 | 動名詞で受動の意味を持たせるとどんな形になる？

| Q. 13 | 分詞構文で現在分詞か過去分詞かは何を基準に考える？

| Q. 14 | (   ) from space, the earth looks round.「宇宙から**見ると**、地球は丸く見える」の (   ) にseeを変化させて適切な形で入れなさい。

A. 1 不定詞・動名詞・分詞

A. 2 to *do*の前にfor 〜

A. 3 〜が…することは形容詞だ

A. 4 *doing*の前に所有格（目的格）

A. 5 not to *do*

A. 6 not *doing*

A. 7 to have p.p.、本動詞より以前を表す

A. 8 having p.p.、本動詞より以前を表す

A. 9 having p.p.、文の動詞より以前を表す

A. 10 compared with

A. 11 to be p.p.

A. 12 being p.p.

A. 13 文の主語と能動の関係なら現在分詞、受動の関係なら過去分詞を使う

A. 14 Seen

第9章 準動詞

感情動詞の分詞を攻略する!!

　準動詞の１つである分詞には、**感情動詞の分詞**と言われる重要項目があります。感情動詞とは、**surprise**「**驚かせる**」、**excite**「**わくわくさせる**」、**shock**「**ショックを与える**」のように、驚き、わくわく、ショックのような感情を生み出す動詞のことです。次の例文をご覧ください。

---

　① I **was surprised at** the news.
　訳 私はそのニュース**に驚いた**。
　② He **was excited about** going to the movies.
　訳 彼は映画に行くこと**にわくわくしていた**。
　③ I **was shocked at** his sudden death.
　訳 私は彼の突然の死**にショックを受けた**。

---

　①は surprise だと「驚かせる」なので、「～に驚く」とするには、受動態にして **be surprised at** とします。②は excite だと「わくわくさせる」なので、「～**にわくわくする**」とするには **be excited about** とします。③は shock だと「ショックを与える」なので、「～**にショックを受ける**」とするには **be shocked at** とします。

　これらの感情動詞に共通する特徴は、日本語との発想の違いになります。私たち日本人は、「驚く」というと、驚きという感情がひとりでにわいてくると発想しますが、**英語圏の人たちには、驚きという感情は何かによって引き起こされるもの**と発想するので、受動態にして be 動詞＋過去分詞で表現するのです。

　最初に① **be surprised at**「～に驚く」、② **be excited about**「～にわくわくする」、③ **be shocked at**「～にショックを受ける」を紹介しましたが、その他の感情動詞も少しずつおさえていきましょう。

関係詞

introduction 関係詞の全体図

📍 文法用語の説明から

本編に入る前に、まず文法用語について確認しておきましょう。

用 語	解 説
関係詞	文をつないで、**後ろから前の名詞を説明する**もの。 I have a brother **who** is a teacher. 「私には教師の兄がいる」の **who** のこと。
関係代名詞	関係詞の中でも who や which などのこと。
関係副詞	関係詞の中でも when や where などのこと。
複合関係詞	関係詞に ever を付けたもの。 whoever「〜する人は誰でも」などのこと。
先行詞	関係詞が説明を加える名詞のこと。 たいていは関係詞の前にある。

英文法の見取り図 19　関係詞の全体図

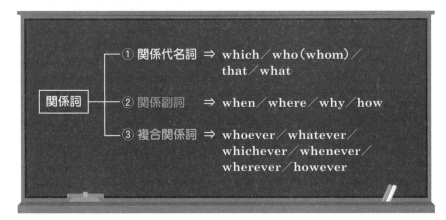

　関係詞は、例えば I have a friend.「私には友人がいる」という文に、さらにその友人の説明を加えたいときに、I have a friend **who** is a lawyer.「私には弁護士をしている友人がいる」とすることができます。

　後ろにどんな文を続けるかで、① **関係代名詞**と② **関係副詞**に分かれます。① **関係代名詞**は、関係詞で説明する名詞（先行詞）が**人なら who、物なら which** を使います。上の文だと先行詞は a friend になり、人を意味するので who を使います。

　続いて、② **関係副詞**は、先行詞が**時なら when、場所なら where、理由なら why**、そして**方法を意味する how** があります。

　最後に、関係詞に **ever** を付けると③ **複合関係詞**になります。「**〜するどんな名詞でも**」や「**たとえ〜でも**」という意味です。

　関係詞も、この3分野を順に理解していくと、必ず得意になります。まずは、① **関係代名詞**の which、who、that、what を理解して、② **関係副詞**の when、where、why、how に進み、最後に③**複合関係詞**を理解しましょう。

関係詞の全体図　225

introduction　関係代名詞と格

📍 文法用語の説明から

本編に入る前に、まず文法用語について確認しておきましょう。

用　語	解　説
主格（しゅかく）	関係詞が後ろの文の主語の代わりになる関係。例えば、I have a brother who is a teacher. は、who が後ろの文の主語の代わりなので主格。
目的格（もくてきかく）	関係詞が後ろの文の目的語の代わりになる関係。例えば、The car which I sold was old. は、which が後ろの sold の目的語の代わりなので目的格。
所有格（しょゆうかく）	関係詞が後ろの名詞の所有格の代わりになる関係。The boy whose wallet was stolen was very angry. の the boy と wallet が「その少年の財布」となり、whose は所有格。
完全文（かんぜんぶん）	S や O などの名詞が欠けていない文のこと。This is the room where she played the piano. では、where の後ろは S や O が欠けていない完全文。
不完全文（ふかんぜんぶん）	S や O などの名詞が欠けている文のこと。I have a brother who is a teacher. は、who の後ろの文の主語が欠けている。
任意（にんい）	なんでもよい、誰でもよいといった「お任せ」のイメージ。複合関係詞の意味の分類に使う。
譲歩（じょうほ）	一歩譲って相手の主張の一部を認める表現。「たとえ〜でも」の意味。複合関係詞の意味の分類に使う。

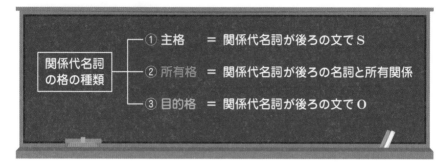

英文法の見取り図 20　関係代名詞と格

関係代名詞の格の種類	① 主格	= 関係代名詞が後ろの文でS
	② 所有格	= 関係代名詞が後ろの名詞と所有関係
	③ 目的格	= 関係代名詞が後ろの文でO

基本例文

① I met a man **who** is a doctor.　　私は医者の男性と会った。
② I met a man **whose** father is a doctor.
　　　　　　　　　　　　　　　　私は父親が医者の男性と会った。
③ I met a man **whom** you know.　私はあなたが知っている男性と会った。

　関係代名詞は、まず「格」という言葉を理解します。「格」は、**その単語が文の中でどんな役割を持つのか**を示します。例えば、文の中で主語の役割なら「**主格**」、名詞と所有関係なら「**所有格**」、目的語の役割なら「**目的格**」です。

　例えば、例文①は、who は**後ろの is a doctor の主語の役割**なので、「**主格**」といいます。is a doctor を文単位で見ると、主語が欠けているので主格ととらえてもよいでしょう。

　また、例文②は、whose が**後ろの father に対する所有関係**（**その男性の父親**）なので「**所有格**」です。

　最後に、例文③は、whom は**後ろの you know の目的語の役割**なので、「**目的格**」です。**you know** を文単位で見ると、目的語が欠けているので、目的格ととらえてもよいでしょう。

第65講 関係代名詞［主格と目的格］

POINT これを覚える！

	主格	目的格
先行詞が人	who (that)	whom (that)
先行詞が人以外	which (that)	

基本例文

① **I have a friend who is a teacher.**
私には教師の友人がいる。

② **I live in a house which was made of wood.**
私は木造の家に住んでいる。

③ **I have a friend whom you know very well.**
私には、あなたがよく知っている友人がいる。

　関係代名詞が**後ろの文で主語の役割**をする主格は、who か which を使います。① **先行詞が人なら who** を使い、② **人以外なら which** を使います。

　例文①は、先行詞は **a friend** で人なので、**who** を使います。一方で、例文②では、先行詞は **a house** で人以外なので、**which** を使います。

　who は、話し言葉ならば、主格、目的格の両方に使います。書き言葉では、**who は主格**（後ろの文の S が欠けている）で、**whom は目的格**（後ろの文の O が欠けている）です。例文①は、後ろの **is a teacher に対応する S** が欠けているので、**who を使います**。一方で、例文③は後ろの文の **you know に対応する O** が欠けているので、**whom を使います**。

　that は which、who、whom の代わりに使うことができます。複数形の those を使った、**those who** 「～する人々」の用法もおさえておきましょう。

日本文に合うように、空所に入る適切な語の番号を選びなさい。

1 彼が話している女性は私の母親です。
⇒ The woman（　　　）he is talking to is my mother.
① when　　② which　　③ whom

2 私には、有名なヴァイオリニストの友人がいます。
⇒ I have a friend（　　　）is a famous violinist.
① who　　② which　　③ whom

3 これは、私が大好きな韓国の曲です。
⇒ This is a Korean song（　　　）I like very much.
① why　　② which　　③ whom

日本文に合うように、空所に与えられた文字から始まる適切な英単語を書きなさい。

4 天は自ら助くるものを助く。
⇒ Heaven helps those（ **w**　　　　　）help themselves.

5 私の会社で働いている人は、とてもフレンドリーです。
⇒ The people（ **w**　　　　　）work in my company are very friendly.

解答は別冊024ページ

POINT これを覚える!

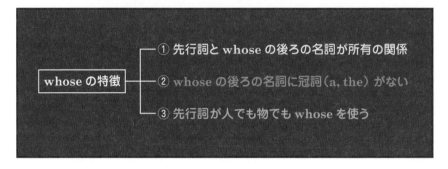

whose の特徴
- ① 先行詞と whose の後ろの名詞が所有の関係
- ② whose の後ろの名詞に冠詞（a, the）がない
- ③ 先行詞が人でも物でも whose を使う

— 基本例文 —

① **I have a friend whose father is a doctor.**
私には父親が医者の友人がいる。

② **The house whose roof is red is mine.**
屋根が赤い家が私の家です。

関係代名詞の whose は、① **先行詞と後ろの名詞が所有の関係**のときに使います。これを所有格といいます。例文①でも、「友人の父」と所有の関係です。

次に、② **whose の直後の名詞に、冠詞（a, the）が付きません**。名詞には冠詞を付けることが多いですが、whose の後ろには無冠詞（冠詞がない）の名詞がきます。例文①でも、father と無冠詞の名詞です。

最後に、③ **whose は先行詞が人でも物でも使用可能**です。whose という言葉の感じから、先行詞が人のときにだけ使うように思えますが、物にも使用できます。もっとも、②の例文は The house with a red roof is mine. のほうが、より自然な英文になります。

日本文に合うように、空所に入る適切な語の番号を選びなさい。

1 財布を盗まれた兄は、とても怒っていた。
⇒ My brother（　　）wallet was stolen was very angry.
① who　　　② whose　　　③ whom

2 私には、父親が弁護士の友人がいる。
⇒ I have a friend（　　）father is a lawyer.
① who　　　② whose　　　③ whom

　日本文に合うように、空所に与えられた文字から始まる適切な英単語を書きなさい。

3 私には、父親がパイロットの友人がいる。
⇒ I have a friend（ **w**　　　）father is a pilot.

4 自転車を盗まれた少年は、とても怒っていた。
⇒ The boy（ **w**　　　）（ **b**　　　）was stolen was very angry.

解答は別冊025ページ

第67講 関係代名詞の省略

POINT これを覚える！

関係代名詞の省略の条件 ── ① 名詞 SV の語順

── ② 目的語が欠けている

❖基本例文

・The car I sold yesterday was old.
私が昨日売った車は、古かった。

・I don't know the boy you were talking with.
私は君が一緒に話していた少年を知らない。

関係代名詞の省略は、2つの条件を覚えます。① **名詞の後ろに SV が続く語順**と、② その名詞の後ろの文に**目的語が欠けている**ことです。

上の例文も、それぞれ The car I sold、the boy you were talking with と、名詞 SV の語順が確認できます。そして、**sold（sell「売る」の過去形）の O と、talking with の O が欠けています**。

これにより、The car と I の間に which (that)、the boy と you の間に whom が省略されていることに気づきます。

関係代名詞の省略に気づくコツは、まずは**文の途中にある SV を発見**します。上の2つの例文でも、本来文頭に来るはずの SV が、文の途中で現れます。I sold や you were talking は、いずれも文の途中にあります。

前を見ると、それぞれ The car、the boy と名詞があるので、名詞 SV の語順を確定します。そして、**O が欠けている**ことで、**関係代名詞の省略**と判断します。

日本文に合うように、空所に入る適切な語の番号を選びなさい。

1 これは私が一番好きな映画だ。
⇒ This is the movie （　　　） like best.
① which 　　② I

2 こちらが、私が話していた人です。
⇒ This is the man （　　　） was talking about.
① I 　　② whom

3 私が今読んでいる本は、とても面白い。
⇒ The book （　　　） am reading now is very interesting.
① which 　　② I

日本文に合うように、空所に与えられた文字から始まる適切な英単語を書きなさい。

4 私はあなたが話している話題を知らない。
⇒ I don't know the topic （ **y**　　　） （ **a**　　　） talking about.

5 これは私がずっと探していた本です。
⇒ This is the book I （ **h**　　　） （ **b**　　　） looking for.

解答は別冊025ページ

第10章 関係詞
第67講 関係代名詞の省略

POINT これを覚える!

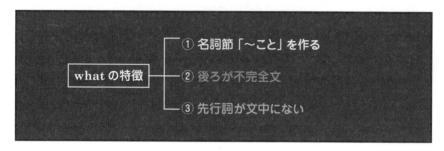

- 基本例文 -

I cannot understand what you are saying.
私にはあなたが言っていることが理解できません。

　whatを理解するには、特徴を2つ覚えます。1つ目が、① **「~こと」という名詞のカタマリ**を作ることです。上の例文も、what you are saying「あなたが言っていること」と名詞節を作り、understand の大きな目的語です。

　そして、関係代名詞である以上、②の **後ろが不完全文**なのは、他の関係代名詞と同じです。上の例文でも、**saying の目的語が欠けています**。

　他の関係代名詞との違いは、③の **先行詞が文中に現れない**ことです。これは、what = the thing(s) which ~ 「~こと(物)」で、**what が先行詞(the things)を中に含む関係代名詞だから**です。

what の慣用表現

・「現在の S」	⇒	what S is (am / are)
・「過去の S」	⇒	what S was (were / used to be)

日本文に合うように、空所に入る適切な語の番号を選びなさい。

1 君の助けが必要なものだ。
⇒ Your help is (　　) is necessary.
① what　　② which

2 あなたが言っていることがわからない。
⇒ I don't understand (　　) you are talking about.
① which　　② what

3 私を驚かせたことは、あなたが結婚しているということだ。
⇒ (　　) surprised me is that you are married.
① There　　② What

日本文に合うように、空所に与えられた文字から始まる適切な英単語を書きなさい。

4 あなたのおかげで、現在の私がある。
⇒ You have made me (**w**　　) I (**a**　　).

5 今の東京は、昔の東京と違う。
⇒ Tokyo is now different from (**w**　　) (**i**　　) (**w**　　).

解答は別冊025ページ

第69講 関係副詞

POINT これを覚える!

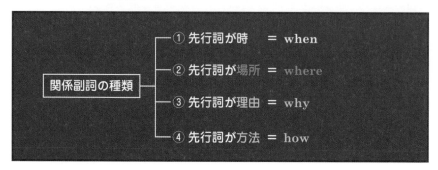

関係副詞の種類
① 先行詞が時 = when
② 先行詞が場所 = where
③ 先行詞が理由 = why
④ 先行詞が方法 = how

基本例文

① I remember the day when I first met you.
私は、初めてあなたに会った日を覚えている。

② This is the park where I used to play soccer.
これは、私がかつてサッカーをした公園だ。

③ I don't know the reason why you got angry.
私は、あなたが怒った理由がわからない。

④ This is how I have mastered English.
これが、私が英語をマスターした方法です。

関係副詞は、① 先行詞が時の場合は when、② 先行詞が場所なら where、
③ 先行詞が理由なら why、④ 先行詞が方法なら how です。

上の例文も、① 先行詞が the day「日」なので when、② 先行詞が the
park「公園」なので where、③ 先行詞が the reason「理由」なので why
を使います。

④ how の場合は先行詞は不要です。the way を使う場合は、the way
SV で「S が V する方法」とします。how S V = the way S V で、「S が V す
る方法」です。

日本文に合うように、空所に入る適切な語の番号を選びなさい。

1 彼は、テレビのなかった時代を知っている。
　⇒ He knows the day (　　　) there was no television.
　　① when　　　　② where　　　③ why

2 ここは私が働いているビルです。
　⇒ This is the building (　　　) I work.
　　① when　　　　② where　　　③ why

3 あなたがそんなことを言う理由が私にはわからない。
　⇒ I don't know the reason (　　　) you are saying such things.
　　① when　　　　② where　　　③ why

　日本文に合うように、空所に与えられた文字から始まる適切な英単語を書きなさい。

4 コンピューターは、私たちの生活する方法を変えた。
　⇒ Computers have changed (**h**　　　　) we live.

5 ここは、私がよく休日に行く公園です。
　⇒ This is the park (**w**　　　　) I often go on my days off.

解答は別冊026ページ

第10章　関係詞

第69講　関係副詞

POINT　これを覚える！

複合関係詞（任意）
- ① whoever 「〜する人は誰でも」
- ② whatever 「〜する物は何でも」
- ③ whichever 「〜する物はどちら（どれ）でも」
- ④ whenever 「〜する時はいつでも」
- ⑤ wherever 「〜する場所はどこでも」

基本例文

① **You can bring whoever wants to go.**
行きたい人は誰でも連れてきていいよ。

② **I'll give you whatever I have.**
私が持っている物は何でもあなたにあげましょう。

③ **You can choose whichever you like.**
あなたが気に入る物はどちら（どれ）でも選んでいいよ。

④ **She helps me whenever I'm in trouble.**
私が困っている時はいつでも、彼女は私を助けてくれる。

⑤ **I'll follow you wherever you go.**
あなたが行く場所はどこでも、ついて行くよ。

　複合関係詞の意味は、大きく分けると2つあります。**任意**と**譲歩**です。**任意**は、何でもよい、誰でもよいといった「お任せ」のイメージです。

　任意は「〜する 名詞 は…でも」の 名詞 と…のところに関係詞ごとの意味を加えます。**whoever**「〜する**人**は**誰**でも」、**whatever**「〜する**物**は**何**でも」、**whenever**「〜する**時**は**いつ**でも」、などとします。

日本文に合うように、空所に入る適切な語の番号を選びなさい。

1 このチケットがほしい人は誰にでもあげていいよ。
⇒ You may give this ticket to （　　） wants it.
① who　　　② whoever

2 あなたが好きな物はどれでも取っていいよ。
⇒ You can take （　　） you like.
① which　　② whichever

3 東京に来た時はいつでも言ってください。
⇒ Please contact me （　　） you come to Tokyo.
① whenever　② what

日本文に合うように、空所に与えられた文字から始まる適切な英単語を書きなさい。

4 あなたが行きたい場所はどこにでも連れて行くよ。
⇒ I'll take you （ **w**　　　） you want to go.

5 その公園を訪れる人は誰でも、そこを大好きになるだろう。
⇒ （ **W**　　　） visits that park will love it.

解答は別冊026ページ

POINT　これを覚える！

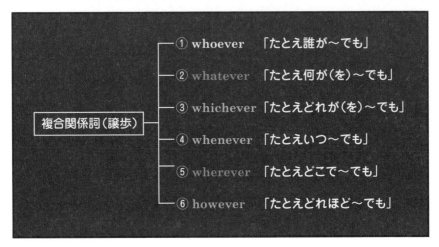

複合関係詞（譲歩）
- ① whoever 「たとえ誰が～でも」
- ② whatever 「たとえ何が（を）～でも」
- ③ whichever 「たとえどれが（を）～でも」
- ④ whenever 「たとえいつ～でも」
- ⑤ wherever 「たとえどこで～でも」
- ⑥ however 「たとえどれほど～でも」

基本例文

① **Whoever** comes to see me, tell him or her I'm out.
たとえ誰が私に会いに来ても、私は出かけていると伝えてください。

② **Whatever** happens, I'll believe you.
たとえ何が起こっても、私は君を信じるよ。

③ **Whichever** you take, I'll give it to you.
たとえどちらを君が選んでも、それを君にあげよう。

④ **Whenever** I call him, he is not at home.
たとえいつ彼に電話しても、彼は家にいない。

⑤ **Wherever** you go, I will follow you.
たとえどこにあなたが行っても、私はあなたについて行くよ。

⑥ **However** late you may be, please give me a call.
たとえどれほどあなたが遅くなっても、私に電話をください。

　譲歩の複合関係詞は、「**たとえ～でも**」の～に複合関係詞ごとの意味を入れます。**whoever** は「たとえ**誰が**～でも」、**whatever** は「たとえ**何が（を）**～でも」、**whenever** は「たとえ**いつ**～でも」などとします。

日本文に合うように、空所に入る適切な語の番号を選びなさい。

1 たとえ何が起きても、私は9時までに家に帰らなければならない。

⇒（　　　）happens, I must go home by nine o'clock.

① Whatever　　　② Whenever

2 たとえ誰がそれを言っても、私はその話を信じない。

⇒（　　　）may say that, I don't believe the story.

① Whatever　　　② Whoever

3 たとえどれほどそれが困難でも、あなたは最善を尽くさなければならない。

⇒（　　　）hard it may be, you have to do your best.

① Whatever　　　② However

　日本文に合うように、空所に与えられた文字から始まる適切な英単語を書きなさい。

4 たとえどれほどあなたが遅くなっても、私に電話をください。

⇒（ **H**　　　　）（ **l**　　　　）you may be, please give me a call.

5 たとえ誰がノックしても、ドアを開けてはいけない。

⇒（ **W**　　　　）knocks on the door, don't open it.

解答は別冊026ページ

口頭 チェックテスト ▶▶▶ 第10章 関 係 詞

問 題

Q. 1 関係詞にはどんな種類がある？

Q. 2 関係詞の主な役割は？

Q. 3 関係代名詞の who と which はどう使い分ける？

Q. 4 関係代名詞の whose はどんなときに使う？

Q. 5 関係詞の省略の２つの条件は？

Q. 6 関係代名詞の what の特徴を３点あげなさい。

Q. 7 what を使って「現在のS」は？

Q. 8 what を使って「過去のS」は？

Q. 9 関係副詞の when はいつ使う？

Q. 10 関係副詞の where はいつ使う？

Q. 11 関係副詞の why はいつ使う？

Q. 12 関係副詞の how はどんな意味？

Q. 13 関係副詞の how と同じ意味の表現は？

Q. 14 whoever の意味を２つあげなさい。

Q. 15 whatever の意味を２つあげなさい。

Q. 16 however 形容詞（副詞） はどんな意味？

A. 1 関係代名詞、関係副詞、複合関係詞

A. 2 形容詞のカタマリを作って前の名詞を説明する

A. 3 先行詞が人のときは who、先行詞が人以外のときは which を使う

A. 4 先行詞と後ろの名詞が所有の関係で、後ろの名詞に冠詞がないとき

A. 5 名詞 SV の語順と目的語が欠けている

A. 6 名詞節「〜こと」を作る、後ろが不完全文、先行詞が文中にない

A. 7 what S is（am／are）

A. 8 what S was（were／used to be）

A. 9 先行詞が時を表すとき

A. 10 先行詞が場所を表すとき

A. 11 先行詞が reason（理由）のとき

A. 12 「〜する方法」

A. 13 the way SV

A. 14 「〜する人は誰でも」、「たとえ誰が〜でも」

A. 15 「〜する物は何でも」、「たとえ何が（を）〜でも」

A. 16 「たとえどれほど〜でも」

前置詞 + 関係代名詞 を攻略する!!

　関係詞の分野で最初につまずきやすいのが、前置詞 + 関係代名詞 の表現です。1つのコツを理解すれば、前置詞 + 関係代名詞 は攻略できます。以下の例文をご覧ください。

---

① This is the place **in which** I grew up.
訳 ここは私が育った場所だ。

② Your success depends on the extent **to which** you will study.
訳 あなたの成功は、あなたがどれだけ勉強するかにかかっている。

③ This was the point **on which** everyone agreed.
訳 これがみんなの意見が一致した点だった。

　関係詞の前に前置詞が入っただけで難しく感じますが、まずは関係詞が形容詞のカタマリを作って前の名詞を修飾するという働きに着目します。すると、上の例文は**すべて前置詞から形容詞のカタマリが始まるだけで、他の関係代名詞の文とかわりない**ことがわかります。①は in which I grew up「私が育った」が the place を修飾するので、the place **in which** I grew up で「私が育った場所」です。

　続いて、②は **to which** you will study が the extent を修飾するので、the extent **to which** you will study で直訳すると、「あなたが勉強する程度」＝「あなたがどれだけ勉強するか」と意訳されています。③は **on which** everyone agreed が the point を修飾するので、the point **on which** everyone agreed で直訳すると「みんなが同意した点」＝「みんなの意見が一致した点」と意訳されています。

　まとめると、前置詞 + 関係代名詞 は、**前置詞から形容詞のカタマリが始まって、前の名詞を修飾する**ことをおさえておきましょう。

第11章

比 較

比較の全体図

📍 文法用語の説明から

本編に入る前に、まず文法用語について確認しておきましょう。

用 語		解 説

比較（ひかく）
> **何かと何かを比べる表現**のこと。
> 「彼は兄と同じくらいの身長だ」、「彼は私より年上だ」
> といった表現のこと。

原級（げんきゅう）
> **形容詞、副詞を変化させない形**のこと。
> old「年をとった」などのこと。

比較級（ひかくきゅう）
> **形容詞、副詞に er を付けた形**のこと。形容詞や副詞
> が長いと more を前に付ける。older「年上だ」、more
> important「より重要だ」などのこと。

最上級（さいじょうきゅう）
> **形容詞、副詞に est を付けた形**のこと。形容詞や副詞
> が長いと most を前に付ける。the oldest「最も年上
> の」、the most important「最も重要な」などのこと。

最上級相当表現（さいじょうきゅうそうとうひょうげん）
> **原級、比較級を使用して、最上級の意味になる表現の**
> こと。Nothing is as precious as time.「時間ほど貴重
> なものはない」＝「時間は最も貴重だ」などのこと。

英文法の見取り図 21　比較の全体図

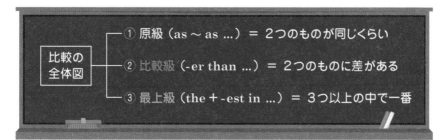

比較の
全体図
- ① 原級（as ～ as …）＝ 2つのものが同じくらい
- ② 比較級（-er than …）＝ 2つのものに差がある
- ③ 最上級（the ＋ -est in …）＝ 3つ以上の中で一番

― 基本例文 ―

① I am as tall as my father.　私は父と同じくらいの背の高さだ。
② He is taller than my father.　彼は私の父より背が高い。
③ He is the tallest in my class.　彼はクラスで最も背が高い。

　比較が難しくなる理由の1つに、全体像が理解できていないことがあります。比較の分野は大きく分けると3つです。① **原級**、② **比較級**、③ **最上級**です。**比較という全体**がまずあり、**比較級はその中の一分野**と理解します。

　① **原級**は、**2つのものを比べて同じくらい**というときに使います。**原級**は、「もとの形」を意味する言葉で、**形容詞、副詞を変化させない形**のことです。例文①のように、「私と父の背の高さが同じくらい」と使います。

　② **比較級**は、**2つのものを比べて差があるとき**に使います。例文②のように、「彼は私の父より背が高い」と使います。

　③ **最上級**は、**3つ以上のものを比べて一番のとき**に使います。例文③のように、「彼がクラスで最も背が高い」と使います。

　比較級と最上級の作り方を、次のページで見ていきます。

📍 比較級・最上級の作り方

① **比較級**は、**形容詞・副詞に er** を付ける
・Mike is **taller** than his father.　マイクは父親よりも背が高い。

> ＊長い単語は more を前に置く
> 　例：beautiful ⇒ more beautiful
> ＊e で終わる単語は r ／ y で終わる一部の単語は y を i に変えて er
> 　例：large ⇒ larger ／ easy ⇒ easier

② **最上級**は、**形容詞・副詞に est** を付ける
・Mike is the **tallest** in his class.　マイクはクラスで一番背が高い。

> ＊長い単語は most を前に置く
> 　例：beautiful ⇒ (the) most beautiful
> ＊e で終わる単語は st ／ y で終わる一部の単語は y を i に変えて est
> 　例：large ⇒ largest ／ easy ⇒ easiest

③ 不規則変化する形容詞、副詞

原級	比較級	最上級
good「よい」 well「（体調が）よい」、「上手に」	better	best
bad「悪い」 ill「（体調が）悪い」	worse	worst
many「（数が）たくさんの」 much「（量が）たくさんの」	more	most
little「少ない」	less	least

④ 2通りの変化をするもの

原級	比較級		最上級	
late	**時間** later	「より遅い」	latest	「最新の」
	順序 latter	「後者の」	last	「最後の」
far	**距離** farther	「より遠い」	farthest	「最も遠い」
	程度 further	「さらに」	furthest	「最も高い程度で」

POINT これを覚える！

原級の基本 ─ ① as ～ as … 「…と同じくらい～だ」
─ ② ～は原級（変化していない形）
─ ③ not as ～ as … 「…ほど～ではない」

基本例文

① **I am as tall as my father.**
私は父と同じくらいの背の高さだ。

② **He is as old as my father.**
彼は私の父と同じくらいの年齢だ。

③ **I am not as tall as my father.**
私は父ほど背が高くない。

原級は、「2つのものを比べて同じくらい～だ」を示す表現です。最初のポイントは、① **as・as** で前後からはさむことです。

次のポイントは、② **as ～ as** …の**～部分に、原級（形容詞、副詞の変化させていない形）を使うこと**です。例文①、②でも、tall、old と原級を使っています。

最後のポイントが、③ **原級の否定形**です。例文①は、身長の高さが I ＝ my father ですが、否定文の③は、I ＜ my father になることに注意です。not as ～ as …で「…ほど～ではない」という訳をおさえておきましょう。

日本文に合うように、空所に入る適切な語（句）の番号を選びなさい。

1 私は兄と同じくらいの身長だ。
⇒ I am as （　　　） as my brother.
　① tall　　　　② taller

2 私の父は、母と同じ年齢だ。
⇒ My father is （　　　） as my mother.
　① as old　　② older

3 今年の冬は去年ほど寒くはない。
⇒ This winter is （　　　） cold as last year.
　① as　　　　② not as

日本文に合うように、空所に与えられた文字から始まる適切な英単語を書きなさい。

4 私は兄ほど背が高くない。
⇒ I am not （ **a**　　　）（ **t**　　　）（ **a**　　　） my brother.

5 私は父ほど早起きではない。
⇒ I don't get up （ **a**　　　）（ **e**　　　）（ **a**　　　） my father.

解答は別冊027ページ

第73講 原級の重要表現

POINT これを覚える！

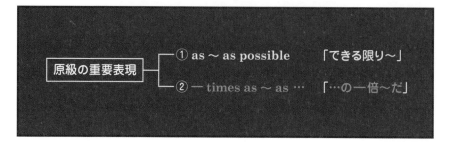

原級の重要表現 ── ① as 〜 as possible 「できる限り〜」
        └─ ② ─ times as 〜 as … 「…の一倍〜だ」

📖 基本例文

① **Please reply to this e-mail as soon as possible.**
できる限り早くこのメールに返信してください。

② **Tom has three times as many books as I have.**
トムは私の3倍の本を持っている。

原級の重要表現を、2つ紹介します。① **as 〜 as possible**「**できる限り〜**」と、② **─ times as 〜 as …**「**…の一倍〜だ**」です。

①の **as 〜 as possible** は、「可能なのと同じくらい〜」＝「できる限り〜」となります。中でも、as soon as possible「できる限り早く」は、頭文字をとって、ASAP と略される頻出表現です。

②の倍数表現は、**as 〜 as の前に倍数表現を置く**ことに注意です。ちなみに、2倍は twice、半分なら half です。「…の2倍多くの本」は、twice as many books as … で、「…の半分の本」は、half as many books as … です。

例文②で、Tom has <u>books</u> three times as <u>many</u> as I have. としないようにしましょう。本の冊数を比べているので、as many books as と many books を、as 〜 as ではさまなければいけません。

日本文に合うように、空所に入る適切な語句の番号を選びなさい。

1 できる限り早くホテルに戻ってきます。
　⇒ I will return to the hotel (　　　).
　　　① as soon as possible　　　② as possible as soon

2 私はトムの2倍の本を持っている。
　⇒ I have (　　　) books as Tom has.
　　　① as twice many　　　② twice as many

3 私はあなたの半分しかお金を持っていない。
　⇒ I have (　　　) as you have.
　　　① money half as much　　　② half as much money

日本文に合うように、空所に与えられた文字から始まる適切な英単語を書きなさい。

4 できる限り早くこのメールに返信してください。
　⇒ Please reply to this e-mail (**a**　　　)(**s**　　　)(**a**　　　)
　(**p**　　　).

5 この国は、その国の3倍の大きさだ。
　⇒ This country is (**t**　　　)(**t**　　　)(**a**　　　)(**l**　　　)
　(**a**　　　) that one.

解答は別冊027ページ

第74講 比較級の基本

POINT これを覚える！

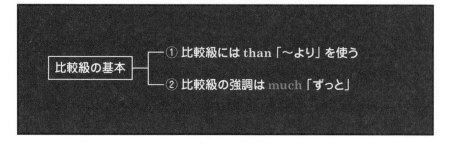

比較級の基本 ── ① 比較級には than「〜より」を使う
　　　　　　 └─ ② 比較級の強調は much「ずっと」

✎基本例文

① I am taller **than** my brother is.
　私は兄より背が高い。
② My father is **much** more intelligent than I am.
　父は私よりずっと頭が良い。

　　比較級は、「２つのものを比べてより〜だ」という表現です。最初のポイントは、① **比較級の than**「〜より」です。比べる基準を than の後ろに置きます。

　　例文①では、比較対象は my brother で、than の後ろに置きます。**比較級と than はセット**でよく使います。

　　次のポイントは、② **比較級の強調表現**です。原級は very「とても」で強調できますが、比較級は very では強調できません。**much**「ずっと」を使います。**much** をさらに強めた far「はるかに」も、比較級を強調することができます。

　　even（still）も「さらに」という意味で比較級を強調できます。例えば、She is good at dancing, but she is **even** better at singing.「彼女は踊りが得意だが、歌は**さらに**得意だ」と、good の比較級 better を **even** で強調しています。

日本文に合うように、空所に入る適切な語の番号を選びなさい。

1 私の父は私より早起きだ。
⇒ My father gets up earlier（　　　）I do.
① when 　　　② than

2 私はアメリカの食べ物より日本食が好きだ。
⇒ I like Japanese food（　　　）than American food.
① well 　　　② better

3 私の弟は、私よりずっと頭が良い。
⇒ My brother is（　　　）more intelligent than I am.
① much 　　　② very

日本文に合うように、空所に与えられた文字から始まる適切な英単語を書きなさい。

4 もっとゆっくり話してください。
⇒ Please speak（ **m**　　　　）（ **s**　　　　）.

5 サッカーと野球のどちらが好きですか？
⇒ Which do you like（ **b**　　　　）, soccer or baseball?

解答別冊027ページ

第75講 比較級の重要表現

POINT これを覚える！

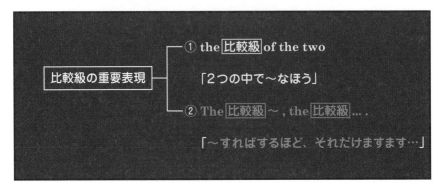

比較級の重要表現
- ① the 比較級 of the two
  「2つの中で〜なほう」
- ② The 比較級 〜 , the 比較級 ... .
  「〜すればするほど、それだけますます…」

基本例文

① **He is the taller of the two.**
彼は2人の中で背が高いほうだ。

② **The older you are, the wiser you become.**
年をとればとるほど、それだけますます賢くなる。

比較級の重要な表現は、① the 比較級 of the two「2つの中で〜なほう」と、② The 比較級 〜 , the 比較級 ... .「〜すればするほど、それだけますます…」です。

①は、the が重要です。the の本質は、「1つに限定できる」ものに使うことです。①の表現は、「2人の中で背が高いほう」と「1つに限定できる」ので、the を使います。

②では、最初の the は前後の文をつなぐ働きです。**後ろの the が重要**で、「**それだけ**」の日本語に相当して、**前文を指します。**例文②で「それだけ」とは、「年をとるぶんだけ」を指します。

日本文に合うように、空所に入る適切な語（句）の番号を選びなさい。

1 彼女は2人の中で背が高いほうだ。
⇒ She is（　　　）of the two.
① the taller　　　② taller

2 年をとればとるほど、それだけますます賢くなる。
⇒ The older you are,（　　　）you become.
① the wise　　　② the wiser

3 高く登れば登るほど、それだけ寒くなる。
⇒（　　　）we climb, the colder it becomes.
① Higher　　　② The higher

　日本文に合うように、空所に与えられた文字から始まる適切な英単語を書きなさい。

4 私の姉は2人の中で背が高いほうだ。
⇒ My sister is（ **t**　　　）（ **t**　　　）of the two.

5 早くやればやるほど、それだけ良いだろう。
⇒（ **T**　　　）（ **s**　　　）you do it,（ **t**　　　）（ **b**　　　）it will be.

解答は別冊028ページ

第76講 最上級の基本

POINT これを覚える！

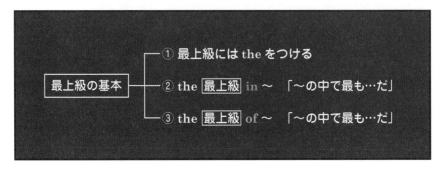

最上級の基本
- ① 最上級には the をつける
- ② the 最上級 in ～ 「～の中で最も…だ」
- ③ the 最上級 of ～ 「～の中で最も…だ」

基本例文

① He is the tallest in my class.
彼は私のクラスで一番背が高い。

② My father gets up the earliest in my family.
父は家族の中で一番早起きだ。

③ I like this movie the best of all the movies.
私はこの映画がすべての中で一番好きだ。

　最上級は、「**3つ以上の中で一番～だ**」という表現です。最初のポイントは、① 形容詞・副詞の**最上級の前に the を付けます**。**the は1つしかないもの**を指すので、最上級の「**一番～だ**」と相性がいいものです。

　次のポイントは、② **最上級の範囲に in を使う**ことです。最上級は、どの中で一番なのかをしっかり表す必要があります。in は、例文①、②のように「クラスで」や「家族の中で」のように**場所や範囲**をいう場合に使います。

　一方で、③ **複数名詞を後ろ**に置く場合は、**of** を使います。例文③のように、**すべての中で一番**という文脈で使います。

日本文に合うように、空所に入る適切な語（句）の番号を選びなさい。

1 富士山は日本で一番高い山です。
⇒ Mt. Fuji is the （　　　） mountain in Japan.
① higher　　　　② highest

2 私は家族の中で一番背が高い。
⇒ I am （　　　） in my family.
① the taller　　　② the tallest

3 私の家族があらゆるものの中で一番大切だ。
⇒ My family is the most important thing （　　　） all.
① of　　　　　② than

日本文に合うように、空所に与えられた文字から始まる適切な英単語を書きなさい。

4 私はスポーツの中でサッカーが一番好きだ。
⇒ I like soccer （ **t**　　　）（ **b**　　　） of all sports.

5 人生で最高の時は今だ。
⇒（ **T**　　　）（ **b**　　　） time （ **i**　　　） my life is now.

解答は別冊028ページ

第77講 最上級相当表現

POINT これを覚える！

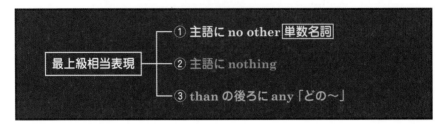

最上級相当表現 ─── ① 主語に no other 単数名詞
　　　　　　　　── ② 主語に nothing
　　　　　　　　── ③ than の後ろに any「どの〜」

基本例文

① **No other mountain in Japan is as high as Mt. Fuji.**
富士山ほど高い山は日本にはない。

No other mountain in Japan is higher than Mt. Fuji.
富士山より高い山は日本にはない。

② **Nothing is as precious as time.**
時間ほど貴重なものはない。

③ **Mt. Fuji is higher than any other mountain in Japan.**
富士山は日本の他のどの山よりも高い。

最上級相当表現は、形は原級／比較級で、意味は最上級の表現です。① 主語に no other 単数名詞、② 主語に nothing、③ than の後ろに any「どの〜」を使う3パターンです。

最上級相当表現のポイントは、**和訳の方法**です。①、②の主語に否定語があるパターンは、**後ろから訳します**。例文①は「富士山ほど高い山は日本にはない」、「富士山より高い山は日本にはない」です。例文②も後ろから「時間ほど貴重なものはない」と訳します。

③は、**any other 単数名詞** を、other ⇒ any ⇒ 名詞 の順に訳して、「他のどの名詞」と訳します。例文③は、「富士山は日本の他のどの山よりも高い」です。なお、主語が複数名詞の場合は、単数名詞 が 複数名詞 になることもあります。

日本文に合うように、空所に入る適切な語の番号を選びなさい。

1 富士山ほど高い山は日本にはない。
⇒（　　　）other mountain in Japan is as high as Mt. Fuji.
① No　　　　　② Any

2 富士山は日本の他のどの山よりも高い。
⇒ Mt. Fuji is higher than（　　　）other mountain in Japan.
① no　　　　　② any

3 時間ほど貴重なものはない。
⇒（　　　）is as precious as time.
① Anything　　② Nothing

日本文に合うように、空所に与えられた文字から始まる適切な英単語を書きなさい。

4 私の家族ほど大切なものはない。
⇒（ **N**　　　）is（ **a**　　　）precious as my family.

5 彼はクラスの他のどの少年よりも足が速い。
⇒ He runs faster than（ **a**　　　）（ **o**　　　）boy in his class.

解答は別冊028ページ

問題

Q. 1 比較の３つの分野には何がある？

Q. 2 important の比較級・最上級は？

Q. 3 good の比較級・最上級は？

Q. 4 原級表現はどう表す？

Q. 5 原級の特徴は？

Q. 6 原級の否定形の形と意味は？

Q. 7 原級を使って「できる限り〜」は？

Q. 8 原級を使った倍数表現の形と特徴は？

Q. 9 ２倍と半分は英語でどう表す？

Q. 10 比較級の特徴は？

Q. 11 比較級を強調する単語を２つあげなさい。

Q. 12 The 比較級 〜 , the 比較級 .... の意味は？

Q. 13 the 比較級 of the two の意味は？

Q. 14 最上級の一般的な特徴は？

Q. 15 最上級の範囲を表す前置詞は？

Q. 16 最上級相当表現はどんな表現？

Q. 17 最上級相当表現の代表的表現を３つあげなさい。

A. 1 原級・比較級・最上級

A. 2 more important・(the) most important

A. 3 better・(the) best

A. 4 as ～ as …「…と同じくらい～だ」

A. 5 形容詞・副詞の原級（変化していない形）を as・as ではさむ

A. 6 not as ～ as …「…ほど～ではない」

A. 7 as ～ as possible

A. 8 －times as ～ as …「…の－倍～」。倍数表現を as ～ as の前に置く

A. 9 twice、half

A. 10 than があったら比較級

A. 11 much「ずっと」、far「はるかに」、even (still)「さらに」から2つ

A. 12 「～すればするほど、それだけますます…」

A. 13 「2つの中で～なほう」

A. 14 最上級の形容詞・副詞には the を付ける

A. 15 後ろが複数名詞なら of、後ろが範囲や場所を表すなら in を使う

A. 16 原級・比較級を使って最上級の意味を表す表現

A. 17 主語に nothing＋ as ～ as …、no other 単数名詞 ＋ as ～ as …、than の後ろに any を使う

no 比較級 を攻略する !!

比較の分野で難しい表現の１つに、**no** 比較級 の表現があります。次の例文をご覧ください。

---

① There were **no more than** two people in the park.
訳 公園の中には２人の人**しか**いなかった。

② They have **no less than** four children.
訳 彼らは４人**も**子どもがいる。

---

no 比較級 の表現の中でも、① **no more than**「〜しかない」と② **no less than**「〜も」を取り上げますが、僕も高校生の頃は、非常に苦手な表現でした。今振り返ると、苦手だった理由は、日本語訳を見ただけでは何を意図した表現なのかさっぱりわからなかったからです。

① **no more than**「〜しかない」は、「**予想よりも少ないこと**」を示す表現です。例文①は、おそらく**公園にはもっと多くの人を想定していて、その予想よりも少ないこと**を示すのに、**no more than**「〜しかない」を使っています。

続いて、② **no less than**「〜も」は、「**予想よりも多いこと**」を示す表現です。例文②は、おそらく**もっと少ない子どもの数を想定していて、その予想よりも多いこと**を示すために、**no less than**「〜も」を使っています。

最後に覚え方を紹介します。① **no more than** は、no がマイナス、more がプラスなので、**マイナス×プラス＝マイナスで「〜しかない」**と少ないことを示す表現、② **no less than** は no がマイナス、less がマイナスなので、**マイナス×マイナス＝プラスで「〜もある」**と多いことを示す表現と覚えておきましょう。

AAA 型

型	原形	過去形	過去分詞形	意味
ut 型	cut	cut	cut	切る
	put	put	put	置く
et 型	let	let	let	許す
	set	set	set	置く
その他	read	read	read	読む

ABA 型

原形 - a - 原形型	come	came	come	来る
	become	became	become	なる
	run	ran	run	走る

ABB 型

ought 型	bring	brought	brought	持ってくる
	think	thought	thought	考える
	buy	bought	bought	買う
aught 型	teach	taught	taught	教える
	catch	caught	caught	つかまえる
語尾の t 型	lend	lent	lent	貸す
	send	sent	sent	送る
	spend	spent	spent	費やす
	build	built	built	建てる
	sit	sat	sat	座る
	lose	lost	lost	失う
	leave	left	left	去る
	feel	felt	felt	感じる
	keep	kept	kept	保つ
	sleep	slept	slept	眠る
語尾の d (de) 型	hear	heard	heard	聞こえる
	find	found	found	見つける
	hold	held	held	持っている
	make	made	made	作る

語尾の d（de）型	sell	sold	sold	売る
	tell	told	told	伝える
	stand	stood	stood	立っている
	understand	understood	understood	理解する
y を id に 変える型	pay	paid	paid	払う
	say	said	said	言う
	lay	laid	laid	横にする
短縮型	meet	met	met	会う
	lead	led	led	導く

ABC 型

i-a-u 型	sing	sang	sung	歌う
	ring	rang	rung	鳴る
	drink	drank	drunk	飲む
	begin	began	begun	始める
	swim	swam	swum	泳ぐ
原形 -ew-own 型	know	knew	known	知っている
	grow	grew	grown	成長する
	throw	threw	thrown	投げる
原形 -～-en 型	get	got	gotten	手に入れる
	forget	forgot	forgotten	忘れる
	write	wrote	written	書く
	ride	rode	ridden	乗る
	rise	rose	risen	上がる
	speak	spoke	spoken	話す
	break	broke	broken	壊す
	steal	stole	stolen	盗む
	fall	fell	fallen	落ちる
	give	gave	given	与える
	take	took	taken	手に取る
	eat	ate	eaten	食べる
	see	saw	seen	見る

おわりに

　本書を手に取り最後まで読んでくださり、本当にありがとうございました。

　執筆にあたって、高校英文法という広い世界で、読者の方々を最後まで導くために、様々な仕掛けを用意しました。難解な文法用語を使うのを避け、説明の文字数を減らして、問題の難易度を下げました。

　本書の目的は、高校英文法の大枠をつかむこと、そして英語学習の新時代に備えて、スピーキングへの足掛かりをつくることをねらいとしました。

　そして、本書で身に付けた英文法力を読解に生かしたい方は、『**肘井学の読解のための英文法が面白いほどわかる本　必修編**』(KADOKAWA)に進んでください。

　この本では、本書で学んだ英文法の全体像を、「読解のための英文法」に応用していきます。この1冊を完璧にやり終えたら、一文一文を処理するための万全の力が付きます。

　これが終わったら、いよいよ長文対策に進むときです。『**肘井学のゼロから英語長文が面白いほどわかる本**』(KADOKAWA)へと進んでください。この3冊をしっかりと自分のものにすれば、どの大学の入試問題にも対応できる英語の基礎力が身に付きます。

　本書の企画・編集を担当してくださった KADOKAWA の皆様、本書に素敵なデザインを施してくださったワークワンダースの鈴木様、本書の校正を念入りにしてくださった方々、最後までお付き合いいただいた読者の皆様に、心から御礼を申し上げます。

肘井　学

スマホで音声をダウンロードする場合

abceed
AI英語教材エービーシード

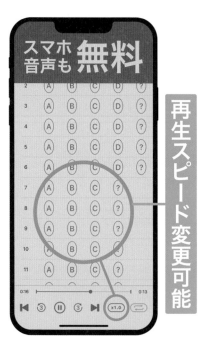

ご利用の場合は、下記のQRコードまたはURLより
スマホにアプリをダウンロードしてください。

 https://www.abceed.com
abceedは株式会社Globeeの商品です。

本文デザイン／ワーク・ワンダース
音声収録／英語教育協議会 ELEC
音声出演／ Karen Haedrich、Howard Colefield、水月 優希

肘井　学（ひじい がく）

　慶應義塾大学文学部英米文学専攻卒業。全国のさまざまな予備校を
へて、リクルートが主催するネット講義サービス「スタディサプリ」
の教壇に立ち、高校生、受験生から英語を学びなおす社会人まで、圧
倒的な満足度を誇る。「スタディサプリ」で公開される「英文読解」
の講座は、年間25万人の生徒が受講する超人気講座となっている。
　主な著書に『大学入試　肘井学の　ゼロから英語長文が面白いほど
わかる本　音声ダウンロード付』『大学入試　肘井学の　ゼロから英
文法が面白いほどわかる本　音声ダウンロード付』『語源とマンガで
英単語が面白いほど覚えられる本』『大学入試　肘井学の　作文のた
めの英文法が面白いほどわかる本　音声ダウンロード付き』『大学入
試　肘井学の　読解のための英文法が面白いほどわかる本　難関大編
音声ダウンロード付』『話すための英文法ハック100』『大学入試　肘
井学の　読解のための英文法が面白いほどわかる本　必修編　音声ダ
ウンロード付』『大学入試　肘井学の　ゼロから英文法が面白いほど
わかる本　NEXT　音声ダウンロード付』（以上、KADOKAWA）、
『高校の英文法が1冊でしっかりわかる本』『高校の英文読解が1冊で
しっかりわかる本』『大学入試　レベル別　英語長文問題ソリューショ
ン』シリーズ（以上、かんき出版）、『大学入試　すぐわかる英文法』
（教学社）などがある。

改訂版　大学入試　肘井学の
ゼロから英文法が面白いほどわかる本　音声ダウンロード付

2023年12月8日　初版発行
2024年2月25日　再版発行

著者／肘井　学

発行者／山下　直久

発行／株式会社KADOKAWA
〒102-8177　東京都千代田区富士見2-13-3
電話　0570-002-301(ナビダイヤル)

印刷所／株式会社加藤文明社印刷所
製本所／株式会社加藤文明社印刷所

● お問い合わせ
https://www.kadokawa.co.jp/（「お問い合わせ」へお進みください）
※内容によっては、お答えできない場合があります。
※サポートは日本国内のみとさせていただきます。
※Japanese text only

定価はカバーに表示してあります。

©Gaku Hijii 2023　Printed in Japan
ISBN 978-4-04-606151-5　C7082

大学入試

肘井 学の
ゼロから
英文法
が面白いほどわかる本

スタディサプリ講師
肘井 学

音声ダウンロード付

別　冊

この別冊は、本体にこの表紙を残したまま、
ていねいに抜き取ってください。
なお、この別冊の抜き取りの際の損傷に
ついてのお取り替えはご遠慮願います。

大学入試

肘井 学の

ゼロから
英文法

が面白いほどわかる本

スタディサプリ講師
肘井 学

音声ダウンロード付

別　冊

大学入試

肘井 学の

ゼロから
英文法

が面白いほどわかる本

スタディサプリ講師
肘井 学

別 冊 も く じ

＊第３講〜第77講の英文法ドリルの英文を、３課ごとにまとめて掲載
しています。日本語、英語の両方の音声を付けていますので、ダウン
ロードして音声付き例文集として活用してください。

第1講

本冊

P.**017**

[解答]

1 ③　　**2** ①　　**3** ②　　**4** ①　　**5** ③

6 ④　　**7** ①　　**8** ③　　**9** ①　　**10** ④

[解説]

1 cute、**5** hot、**8** large が形容詞。**2** house、**4** coffee、**7** river、**9** water が名詞。**3** drink が動詞。**6** really、**10** always が副詞。**ly で終わる単語の多くが副詞になる**ことをおさえておきましょう。

第2講

本冊

P.**019**

[解答]

1 ⑥　　**2** ⑤　　**3** ⑦　　**4** ⑧　　**5** ⑨

6 ⑦　　**7** ⑤　　**8** ⑨　　**9** ⑧　　**10** ⑥

[解説]

1 will、**10** should が助動詞。**2** she、**7** him が代名詞。**5** though、**8** if が接続詞。**3** the、**6** a が冠詞。**4** in、**9** on が前置詞。

第3講

本冊

P.**021**

[解答]　　[解説]

1 ②　　**I が主語で現在時制**なので、②が正解。

2 ①　　**You が主語で現在時制**なので、①が正解。

3 ②　　**She が主語で現在時制**なので、②が正解。

4 was　**I が主語で過去時制**なので、was が正解。

5 was　**He が主語で過去時制**なので、was が正解。

6 were　**You が主語で過去時制**なので、were が正解。

[解答]　[解説]

1 ①　**play の過去形は ed を付ける**ので、①が正解。

2 ②　stop の過去形は **stopped**。**p を重ねる**ことに注意する。

3 ①　study の過去形は **y を i に変えて ed を付ける studied** になる。

4 used　use の過去形は used。**e で終わる単語なので d を付けるだけ**。

5 dropped　drop の過去形は **dropped**。**p を重ねる**ことに注意する。

6 tried　try の過去形は **y を i に変えて ed を付ける tried** になる。

[解答]　[解説]

1 ①　**cut-cut-cut** と変化するので、①が正解。

2 ②　**become-became-become** と変化するので、②が正解。

3 ②　**bring-brought-brought** と変化するので、②が正解。

4 came　**come-came-come** と変化するので、**came** が正解。

5 taught　**teach-taught-taught** と変化するので、**taught** が正解。

6 knew　**know-knew-known** と変化するので、**knew** が正解。

[解答]　[解説]

1 ②　She が主語で、**3人称単数現在時制**なので、②が正解。

2 ②　He が主語で、**3人称単数現在時制**なので、②が正解。

3 ①　I が主語なので、3単現の s は付けずに、①が正解。

4 sings　She が主語で、**3人称単数現在時制**なので、**sings** が正解。

5 studies　He が主語で、**3人称単数現在時制**なので、**studies** が正解。

6 work　You が主語なので、3単現の s は付けずに、**work** が正解。

第7講

本冊
P.**031**

	[解答]	[解説]

1 ② 　　主語が **you** なので、②が正解。

2 ① 　　主語が **you** で一般動詞の疑問文なので、①が正解。

3 ② 　　「できますか？」という疑問文なので、②が正解。

4 Was he 　　主語が **he** で過去時制なので、**Was he** が正解。

5 Did you hear 　　一般動詞の疑問文で過去なので、**Did you hear** が正解。

6 May 　　**May I have your name?** で、名前を聞く丁寧な表現。

第8講

本冊
P.**033**

[解答]　　[解説]

1 ① 　　「誰？」という問いなので、①が正解。

2 ① 　　「いつ？」という問いなので、①が正解。

3 ② 　　「どうやって？」と手段を聞いているので、②が正解。

4 What 　　「何を？」という問いなので、**What** が正解。

5 Why 　　「なぜ？」という問いなので、**Why** が正解。

6 How are 　　**How are you?**「調子はどうですか？」という挨拶の表現。

第9講

本冊
P.**035**

[解答]　　[解説]

1 ① 　　「どこの出身か」をたずねているので、①が正解。

2 ② 　　間接疑問文は倒置しないので、②が正解。

3 ① 　　間接疑問文は倒置しないので、①が正解。

4 why you are angry 　　「なぜ～か」なので、**why** を使う。

5 where you live 　　「どこに～か」なので、**where** を使う。

6 why you are happy 　　「なぜ～か」なので、**why** を使う。

［解答］　　　　　　　　　［解説］

1 ②　　　　　　　　主語が I なので、②が正解。

2 ①　　　　　　　　主語が I で一般動詞の否定文なので、①が正解。

3 ②　　　　　　　　助動詞 must の否定文なので、②が正解。

4 are not　　　　　主語が You で be 動詞の否定文なので、**are not** が正解。

5 didn't like(love)　一般動詞で過去時制の否定文なので、**didn't like** が正解。

6 may not　　　　　助動詞 may の否定文なので、**may not** が正解。

第11講

本　冊

P.**039**

［解答］　　　　　　　　　［解説］

1 ①　　　　　　　　be 動詞の文の命令文なので、**動詞の原形 be** を文頭に置く。

2 ②　　　　　　　　否定の命令文なので、**Don't ～ .** とする。

3 ①　　　　　　　　「一緒に～しよう」は Let's ～ . とする。

4 Stop　　　　　　　普通の命令文なので、**動詞の原形 stop** を文頭に置く。

5 Never mind　　　**Never mind.**「気にするな」という頻出の表現。

6 Let's listen　　　「（一緒に）～しよう」は **Let's ～ .** とする。

第12講

本　冊

P.**041**

［解答］　［解説］

1 ②　　**How ＋**形容詞**～！**なので、②が正解。

2 ①　　**What ＋ a ＋**形容詞**＋**名詞**～！**なので、①が正解。

3 ①　　空所の後ろは well で副詞なので、①が正解。

4 How fast　　　　　　　　**How ＋**副詞**～！**とする。

5 How hot　　　　　　　　**How ＋**形容詞**～！**とする。

6 What, beautiful dress　　**What ＋ a ＋**形容詞**＋**名詞**～！**とする。

第13講	〔解答〕	〔解説〕
本 冊	**1** ②	walk は**主語の後ろ**にあるので、**V（動詞）**とわかる。
P.**051**	**2** ④	**My hobby = taking pictures** なので、**C（補語）**とわかる。
	3 ①	**文頭**に**（代）名詞**が置かれているので、**S（主語）**とわかる。
	4 ③	**bought の後ろ**にくる名詞なので、**O（目的語）**とわかる。
	5 ⑤	**next year**「来年」は**時を表す M（修飾語）**。

第14講	〔解答〕	〔解説〕
本 冊	**1** ②	**live in ～**「～に住んでいる」。～には住んでいる場所を置く。
P.**053**	**2** ①	**run in ～**「～を走る」。～には走る場所を置く。
	3 ②	**talk to ～**「～と話す」。～には話し相手を置く。
	4 lived in	**live in ～**「～に住んでいる」。～には住んでいる場所を置く。
	5 walk to	**walk to ～**「～まで歩く」。～には行き先を置く。
	6 talked to	**talk to ～**「～と話す」。～には話し相手を置く。

第15講	〔解答〕	〔解説〕
本 冊	**1** ②	「**～がある**」と**存在**を表す際には、**There be ～ .** 構文を使う。
P.**055**	**2** ①	主語が many chairs と**複数**なので、①が正解。
	3 ②	主語が a dog と**単数**なので、②が正解。
	4 There is, book	「**～がある**」と**存在**を表す際は、**There be ～ .** 構文を使う。
	5 There are many people	many people が主語なので **There are** にする。
	6 am in	人が主語で、**be 動詞**で**存在**を表す。**場所を表す in**。

006

第16講

P.**057**

[解答] ［解説］

1 ② look at「〜を見る」、look C「C に見える」なので②が正解。

2 ① 「（職業などに）なる」は、become C を使う。

3 ② stay calm「落ち着いている」の意味。stay C「C のままでいる」。

4 looks very old　　　　　look C「C に見える」の表現。

5 became, English teacher　become C「C になる」の表現。

6 kept silent　　　　　　keep C「C のままでいる」の表現。

第17講

本 冊
P.**059**

[解答]　　　　　　　　　　　[解説]

1 ①　　　　　　　　　　discuss O「O を話し合う」の表現。

2 ②　　　　　　　　　　marry O「O と結婚する」の表現。

3 ①　　　　　　　　　　resemble O「O に似ている」の表現。

4 discuss, problem　　　discuss O「O を話し合う」の表現。

5 married my friend　　marry O「O と結婚する」の表現。

6 resembles his brother　resemble O「O に似ている」の表現。

第18講

本 冊
P.**061**

[解答]　［解説]

1 ②　give O₁ O₂「O₁に O₂を与える」の第4文型の表現。

2 ②　tell O₁ O₂「O₁に O₂を伝える」の第4文型の表現。

3 ①　lend O₁ O₂「O₁に O₂を貸す」の第4文型の表現。

4 give my children　　give O₁ O₂「O₁に O₂を与える」の表現。

5 told him, story　　　tell O₁ O₂「O₁に O₂を伝える」の表現。

6 lent her, book　　　lend O₁ O₂「O₁に O₂を貸す」の表現。

第19講 本冊 P.063	[解答]	[解説]
	1 ①	**find O C**「O が C だとわかる」の第5文型の表現。
	2 ②	**make O C**「O を C にする」の第5文型の表現。
	3 ②	**name O C**「O を C と名付ける」の第5文型の表現。
	4 found him, good	**find O C**「O が C だとわかる」の表現。
	5 makes me happy	**make O C**「O を C にする」の表現。
	6 call me Ken	**call O C**「O を C と呼ぶ」の表現。

第20講 本冊 P.071	[解答]	[解説]
	1 ①	「**現在の習慣**」なので、①が正解。
	2 ②	「**現在の状態（職業）**」を表すので、②が正解。
	3 ②	「**現在の状態（趣味）**」を表すので、②が正解。3単現の s を付ける。
	4 go	「**現在の習慣**」なので、**go** が正解。
	5 read	「**現在の習慣**」なので、**read** が正解。
	6 work	「**現在の状態（職業）**」を表すので、**work** が正解。

第21講 本冊 P.073	[解答]	[解説]
	1 ②	**yesterday** から**過去**とわかるので、②が正解。
	2 ①	**five days ago** から**過去**とわかるので、①が正解。
	3 ②	**when I was ～**から**過去**とわかるので、②が正解。
	4 was, yesterday	*be* **absent from ～**「**～を欠席する**」の熟語。
	5 left, ago	**leave for ～**「**～に出発する**」の熟語。
	6 turned, last month	**turn C**「**C になる**」、「**～歳になる**」で使用する。

<table>
<tr>
<td>

第22講

P.**075**

</td>
<td>

［解答］　　［解説］

1 ②　　**tomorrow** から未来の話とわかるので、②が正解。

2 ①　　**next year** から未来の話とわかるので、①が正解。

3 ①　　「～する予定」なので、①が正解。

4 Will, tomorrow　　明日のことなので、**Will S V ～ ?** を使う。

5 am going to, next　　「～する予定」なので、***be* going to** を使う。

6 will, this　　「今日の午後」は未来の話なので、**this ～** を使う。

</td>
</tr>
</table>

<table>
<tr>
<td>

第23-1講

本冊

P.**079**

</td>
<td>

［解答］　　［解説］

1 ②　　現在完了形は **have ＋ 過去分詞**なので、②が正解。

2 ②　　主語が He なので、②が正解。

3 ①　　現在完了形は **have ＋ 過去分詞**なので、①が正解。②の knew は過去形。

4 have lived　　**since 2016** から現在完了形が入るとわかる。

5 have known, since　　「高校生の頃から～」なので現在完了形で表す。

6 have, lived　　**How long ～ ?**「どのくらい～?」の表現。

</td>
</tr>
</table>

<table>
<tr>
<td>

第23-2講

本冊

P.**081**

</td>
<td>

［解答］　　［解説］

1 ②　　**have never p.p.**「一度も～したことがない」の表現。

2 ①　　**Have you ever p.p. ～ ?**「今までに～したことがあるか」の表現。

3 ②　　**have never p.p.**「一度も～したことがない」の表現。

4 have never seen　　**have never p.p.** の表現。

5 Have you ever　　**Have you ever p.p. ～ ?** の表現。

6 have been, twice　　**have p.p.**「～したことがある」の経験用法。

</td>
</tr>
</table>

第23-3講

本冊

P.083

[解答]　[解説]

1 ②　「ちょうど（今）〜したところだ」は**現在完了形**にする。

2 ②　現在完了形は **have p.p.** なので、②が正解。

3 ①　**have gone to 〜**「〜に行ってここにいない」の表現。

4 have just eaten　**have just p.p.**「ちょうど〜したところだ」の表現。

5 Have, read, yet　**Have you p.p. 〜 yet?**「もう〜したか？」の表現。

6 has gone　**have gone to 〜**「〜に行ってここにはいない」の表現。

第24講

本冊

P.085

[解答]　[解説]

1 ②　「母が買ってくれた」は、**なくした過去より昔なので過去完了形**を使う。

2 ①　**when he came back** より過去が基準なので、①が正解。

3 ②　**20歳のとき**という過去が基準なので、②が正解。

4 had been opened　**when I saw it** より過去が基準なので**過去完了形**を使う。

5 had, finished　**when he arrived**より過去が基準なので**過去完了形**を使う。

6 had, eaten　**before I came 〜**より過去が基準なので**過去完了形**を使う。

第25講

本冊

P.087

[解答]　[解説]

1 ②　**next April** から**未来が基準**なので、**未来完了形**を使う。

2 ②　**if I climb it again** は**未来の話**なので、**未来完了形**を使う。

3 ①　**tomorrow** から**未来が基準**なので、**未来完了形**を使う。

4 will have lived　**next month** から**未来が基準**なので、**未来完了形**を使う。

5 will have visited　**if I go 〜 again** は**未来の話**なので、**未来完了形**を使う。

6 will have, tomorrow　「**明日までに〜している**」は**未来完了形**を使う。

第26講

本冊
P.**089**

[解答]　[解説]

1 ① 　now から「今〜している最中」なので、**現在進行形**を使う。

2 ② 　「夕食を食べている最中だった」から**過去進行形**を使う。

3 ② 　「明日の3時にあなたを待っている」から**未来進行形**を使う。

4 am eating 　　　　now から「今〜しているところ」の**現在進行形**を使う。

5 was taking 　　　　「お風呂に入っているところだった」から**過去進行形**を使う。

6 will be traveling 　「来年のこの時期は旅しているだろう」から**未来進行形**。

第27講

本冊
P.**097**

[解答]　　　　　　[解説]

1 ② 　　　　「〜に違いない」は must を使う。

2 ① 　　　　「〜すべきだ」は should を使う。

3 ① 　　　　「〜してもよい」は may や can を使う。

4 must 　　　　「〜しなければならない」は must を使う。

5 can 　　　　「ありうる」は can を使う。

6 should 　　　　「〜するはずだ」は should を使う。

第28講

本冊
P.**099**

[解答]　　　　　　[解説]

1 ② 　　　　「〜してもよい」は may を使う。

2 ② 　　　　「〜かもしれない」は may や might を使う。

3 ② 　　　　「〜はずがない」は cannot を使う。

4 may（might）　「〜かもしれない」は may や might を使う。

5 may（might）　「〜かもしれない」は may や might を使う。

6 cannot 　　　　「〜はずがない」は cannot を使う。

第29講
本冊
P.**101**

1 ② 「～しなければならなかった」は、**had to** *do* を使う。

2 ② 「～すべきだ」は、**should** や **ought to** *do* を使う。

3 ② 助動詞を2つ並べられないので、**will be able to** *do* を使う。

4 have 「～しなければならない」は、**have to** *do* を使う。

5 ought 「～すべきだ」は、**should** や **ought to** *do* を使う。

6 able 「～できる」は、**can** や *be* **able to** *do* を使う。

第30講
本冊
P.**103**

[解答]　[解説]

1 ② 「～するのももっともだ」は、**may well** を使う。

2 ② 「B するのは A するようなものだ」は **might as well A as B** を使う。

3 ① 「B するよりむしろ A したい」は **would rather A than B** を使う。

4 may well 「たぶん～だろう」は、**may well** を使う。

5 might as well **might as well A as B** を使う。

6 would rather **would rather A than B** を使う。

第31講
本冊
P.**105**

[解答]　[解説]

1 ① 「～しなくてもよかった」は、**didn't have to** *do* を使う。

2 ② 「～すべきではない」は、**ought not to** *do* を使う。

3 ② 「（どうしても）～しようとしない」は、**will not** を使う。

4 must not 「～してはいけない」は、**must not** を使う。

5 had better not 「～しないほうがいい」は、**had better not** *do* を使う。

6 will not 「（どうしても）～しようとしない」は、**will not** を使う。

第32講	[解答]	[解説]

P.**107**

1 ② 　「（私が）〜しましょうか？」は、Shall I 〜？を使う。

2 ② 　**May I help you?**「お手伝いしましょうか？」の表現。

3 ① 　**Will you marry me?**「結婚してくれますか？」の表現。

4 Shall we 　**Shall we dance?**「踊りませんか？」の表現。

5 May 　**May I have your name?**「お名前を教えていただけますか？」の表現。

6 Will（Would）you 　**Will you please 〜？**「〜してくださいますか？」の表現。

第33講	[解答]	[解説]

本 冊

P.**109**

1 ② 　「〜したかもしれない」は、**may have p.p.** を使う。

2 ② 　「〜したに違いない」は、**must have p.p.** を使う。

3 ① 　「〜したはずがない」は、**cannot have p.p.** を使う。

4 may have left 　「〜したかもしれない」は、**may have p.p.** を使う。

5 must have been 　「〜したに違いない」は、**must have p.p.** を使う。

6 cannot have been 　「〜したはずがない」は、**cannot have p.p.** を使う。

第34講	[解答]	[解説]

本 冊

P.**111**

1 ② 　「〜すべきだったのに」は、**should have p.p.** を使う。

2 ① 　「〜すべきではなかったのに」は、**should not have p.p.** を使う。

3 ② 　「〜する必要はなかったのに」は、**need not have p.p.** を使う。

4 should have come 　「〜すべきだったのに」は、**should have p.p.**。

5 should not have 　「〜すべきではなかったのに」は、**should not have p.p.**。

6 need not have 　「〜する必要はなかったのに」は、**need not have p.p.**。

第35講

P.**121**

[解答]

1 ②

2 ②

3 ②

4 were, would

5 would not, were

6 had been, would not have

[解説]

仮定法過去なので、if 節に過去形を使う。

仮定法過去なので、主節に助動詞の過去形の would を使う。

仮定法過去完了なので、主節に助動詞＋have p.p. を使う。

仮定法過去なので、**if 節を過去形、主節を助動詞の過去形 ＋ 動詞の原形**にする。

仮定法過去なので、**if 節を過去形、主節を助動詞の過去形 ＋ 動詞の原形**にする。

仮定法過去完了なので、**if 節を過去完了形、主節を助動詞の過去形 ＋ have p.p.** にする。

第36講

本冊

P.**123**

[解答]　[解説]

1 ①　if 節の **at that time** から**過去の話**なので、**仮定法過去完了**にする。

2 ②　主節の **now** から**現在の話**なので、**仮定法過去**にする。

3 ②　if 節の **then** から**過去の話**なので、**仮定法過去完了**にする。

4 had not lied　if 節は**過去の話**なので、**仮定法過去完了**にする。

5 had taken, would be　if 節は**仮定法過去完了**、主節は**仮定法過去**の表現。

第37講

本冊

P.**125**

[解答]　[解説]

1 ①　**主節が命令文**で、**仮定法未来**の表現なので、if 節に **should** を使う。

2 ②　**仮定法未来**の表現で、if 節に **were to do** を使う。

3 ①　**主節が命令文**で、**仮定法未来**の表現なので、if 節に **should** を使う。

4 should, tell　**仮定法未来**の表現で、**主節が命令文**、if 節に **should** を使う。

5 were to, would　**仮定法未来**の表現で、if 節に **were to do** を使う。

	[解答]	[解説]

第38講

P.**129**

	[解答]	[解説]
1	②	「〜がなければ」は、**if it were not for 〜**を使う。
2	①	**過去の内容**なので、**if it had not been for 〜**を使う。
3	①	「〜がなかったら」は、**without**を使う。
4	but for	空所が2つなので、**but for**「〜がなかったら」を使う。
5	If it were not for	「〜がなければ」は、**if it were not for 〜**を使う。

第39講

本冊

P.**131**

	[解答]	[解説]
1	②	**I wish 〜.** は仮定法なので、〜は**時制を1つ古いほうにずらす。**
2	①	**I hope は直説法の表現**なので、①が正解。
3	①	**had bought** から仮定法の表現とわかるので、①が正解。
4	wish, had	**I wish 〜.**「〜だったらなあ」を使う。V は**過去形や過去完了形。**
5	wish, had had	**at that time** から**過去の話**なので、**過去完了形**を使う。

第40講

本冊

P.**133**

	[解答]	[解説]
1	②	「まるで〜かのように」は、**as if 〜**を使う。
2	①	**as if 〜**は、**時制が主節と同時なら仮定法過去**なので、①が正解。
3	②	**as though 〜**は**時制が主節とずれると仮定法過去完了**なので、②が正解。
4	as though	「まるで〜かのように」は、**as though 〜**を使う。
5	as if, had seen	**as if 〜**で時制が**主節とずれる**ので、**仮定法過去完了**を使う。

第41講

P.**135**

[解答]　[解説]

1 ② **It is about time 〜.** は〜に過去形を使うので、②が正解。

2 ① **It is high time 〜.** は〜に過去形を使うので、①が正解。

3 ② **It is time 〜.** は〜に過去形を使うので、②が正解。

4 It is time　「**〜する時間だ**」は、**It is time 〜.** を使う。

5 went　**It is time 〜.** は〜に過去形を使うので、**went** が正解。

第42講

P.**143**

[解答]　[解説]

1 ② 受動態は **be 動詞+過去分詞**なので、②が正解。

2 ① 受動態は **be 動詞+過去分詞**なので、①が正解。

3 ② 「**店が閉められている**」と考え、**is closed** を使う。

4 was, book written　受動態の疑問文は、**be 動詞 ＋ S ＋ 過去分詞**。

5 is often used　受動態は **be 動詞 ＋ 過去分詞**にする。

6 was taken by　**be 動詞 ＋ 過去分詞 ＋ by 〜**「**〜によって…される**」の表現。

第43講

本 冊

P.**145**

[解答]　[解説]

1 ① **S be given to O by 〜.**「**S は〜が O に与えたものだ**」の表現。

2 ② **S be called C.**「**S は C と呼ばれる**」の表現。

3 ② **S be kept C.**「**S は C のままにされる**」の表現。

4 was offered　**S be offered O.**「**S は O を提供される**」の表現。

5 was given　**S be given O by 〜.**「**S は〜によって O を与えられる**」の表現。

6 is, left　**S be left C.**「**S は C のままにされる**」の表現。

［解答］　［解説］

1 ①　受動態と助動詞を一緒に使うには、**助動詞 + be p.p.** にする。

2 ②　受動態と進行形を一緒に使うには、*be* **being p.p.** にする。

3 ②　受動態と完了形を一緒に使うには、**have been p.p.** にする。

4 can be finished　　　受動態と助動詞は、**助動詞 + be p.p.** にする。

5 is being built　　　受動態と進行形は、*be* **being p.p.** にする。

6 has, been repaired　　受動態と完了形は、**have been p.p.** にする。

［解答］　［解説］

1 ②　*be* **spoken to by** ～「～に話しかけられる」の表現。**to** が必要。

2 ①　*be* **laughed at by** ～「～に笑われる」の表現。**at** が必要。

3 ②　*be* **taken care of by** ～「～に世話をされる」の表現。**of** が必要。

4 taken care of　　　*be* **taken care of by** ～「～に世話をされる」の表現。

5 was laughed at　　　*be* **laughed at by** ～「～に笑われる」の表現。

6 was spoken to　　　*be* **spoken to by** ～「～に話しかけられる」の表現。

［解答］　［解説］

1 ②　*be* **known to** ～「～に知られている」の表現。**to** に注意。

2 ①　*be* **covered with** ～「～で覆われている」の表現。**with** に注意。

3 ②　*be* **killed in** ～「～で亡くなる」の表現。～には事故や戦争が入る。

4 were killed in　　　*be* **killed in** ～「～で亡くなる」の表現。

5 was covered with　　*be* **covered with** ～「～で覆われている」の表現。

6 is known to　　　　*be* **known to** ～「～に知られている」の表現。

[解答]　　[解説]

1 ②　　**like to** *do*「〜するのが好きだ」。to *do* は不定詞の名詞的用法。

2 ②　　SVC の C に不定詞の名詞的用法「〜すること」を使う。

3 ②　　形式主語の it に対応して、**不定詞の名詞的用法**を使う。

4 to know　　**want to** *do*「〜したい」。**to** *do* は不定詞の名詞的用法。

5 to play　　SVC の C に**不定詞の名詞的用法「〜すること」**を使う。

[解答]　　[解説]

1 ②　　**something to drink**「飲み物」。to drink は**不定詞の形容詞的用法**。

2 ②　　**something to say**「言うこと」が疑問文で anything に変わった表現。

3 ①　　**decision to** *do*「〜する決意」。to *do* は**不定詞の形容詞的用法**。

4 to learn　　**the way to** *do*「〜する方法」。不定詞の形容詞的用法。

5 to arrive　　**the first person to** *do*「〜した最初の人」の表現。

[解答]　　[解説]

1 ②　　**to hear** が不定詞の副詞的用法、**感情の原因「〜して」**を表す。

2 ②　　**to study** が不定詞の副詞的用法、**目的「〜するために」**を表す。

3 ②　　**to swim** が不定詞の副詞的用法、**目的「〜するために」**を表す。

4 to be in　　**be in time for** 〜「〜に時間どおりにいる」の熟語。

5 to leave　　**to leave** で副詞的用法、**判断の根拠「〜するなんて」**を表す。

第49-2講 本冊 P.165	［解答］	［解説］
1	②	**grow up to be ～**「成長して～になる」。**結果用法**。
2	①	**live to be ～**「生きて～になる」。**結果用法**。
3	②	**only to do**「（～したが、）…しただけだ」。**結果用法**。
4	lived to be	**live to be ～**「生きて～になる」。年齢を表すことが多い。
5	never to	**never to do**「（～して、）二度と…しなかった」の表現。
6	to be	**grow up to be ～**「成長して～になる」の表現。

第49-3講 本冊 P.167	［解答］	［解説］
1	①	**in order to do**「～するために」の表現。
2	①	**so as to do**「～するために」の表現。
3	②	**in order to do**「～するために」の表現。
4	as not to	**so as not to do**「～しないように」の表現。
5	in order to	**in order to do**「～するために」の表現。
6	order not to	**in order not to do**「～しないように」の表現。

第50講 本冊 P.171	［解答］	［解説］
1	①	**let O do**「O に～させる」の**使役動詞**。**許可**の意味。
2	①	**make O do**「O に～させる」の**使役動詞**。**強制**の意味。
3	②	**have O do**「O に～させる」の**使役動詞**。**依頼**の意味。
4	have, look	仕事の**依頼**の文脈なので、**have O do** を使う。
5	make you feel	**make O do** を使う。**物が主語の場合は因果関係**。
6	let me drive	**let O do** を使う。**許可**の意味。

第51講	［解答］	［解説］
本 冊 P.**173**	**1** ①	**see O do**「O が〜するのを見る」の表現。
	2 ①	**hear O do**「O が〜するのが聞こえる」の表現。
	3 ②	**feel O do**「O が〜するのを感じる」の表現。
	4 her go（get）	**hear O do**「O が〜するのが聞こえる」の表現。
	5 saw her mother enter	**see O do**「O が〜するのを見る」の表現。
	6 heard my father call	**hear O do**「O が〜するのが聞こえる」の表現。

第52講	［解答］	［解説］
本 冊 P.**181**	**1** ②	**動名詞 playing** 〜「〜**すること**」を**主語**で使う。
	2 ②	**動名詞 playing** 〜「〜**すること**」を**目的語**で使う。
	3 ②	**動名詞 watching** 〜「〜**を見ること**」を**補語**で使う。
	4 listening	**動名詞 listening to** 〜「〜**を聴くこと**」を**目的語**で使う。
	5 swimming	**動名詞 swimming**「泳ぐこと」を**補語**で使う。
	6 smoking	**動名詞 smoking**「たばこを吸うこと」を**目的語**で使う。

第53講	［解答］	［解説］
本 冊 P.**183**	**1** ①	前置詞 **at** の後ろには**動名詞**を置く。
	2 ①	前置詞 **in** の後ろには**動名詞**を置く。
	3 ①	**趣味**を表すときは、過去に意識が向く**動名詞**で表す。
	4 to be（become）	夢を表すときは、未来に意識が向く**不定詞**で表す。
	5 singing	前置詞 **at** の後ろには**動名詞**を置く。
	6 to run	夢を表すときは、未来に意識が向く**不定詞**で表す。

第54講 P.**185**	[解答]	[解説]
	1 ①	「あなたに会ったこと」は**過去**なので、**動名詞**の①が正解。
	2 ②	「車を返す」のは**未来**なので、**不定詞**の②が正解。
	3 ②	「着替えを持ってくる」のは**未来**なので、**不定詞**の②が正解。
	4 forget visiting	「アメリカを訪れた」のは**過去**なので、**動名詞**を使う。
	5 remember meeting	「あなたに出会った」のは**過去**なので、**動名詞**を使う。
	6 forget studying	「学んだ」のは**過去**なので、**動名詞**を使う。

第55講 本冊 P.**187**	[解答]	[解説]
	1 ①	**give up**「やめる」は、**目的語に動名詞**をとる。
	2 ①	**enjoy**「楽しむ」は、**目的語に動名詞**をとる。
	3 ①	**mind**「気にする」は、**目的語に動名詞**をとる。
	4 finished reading	**finish**「終える」は、**目的語に動名詞**をとる。
	5 avoid walking	**avoid**「避ける」は、**目的語に動名詞**をとる。
	6 enjoyed singing	**enjoy**「楽しむ」は、**目的語に動名詞**をとる。

第56講 本冊 P.**189**	[解答]	[解説]
	1 ②	**decide to *do***「～することに決める」の表現。
	2 ②	**refuse to *do***「～することを拒絶する」の表現。
	3 ①	**promise to *do***「～することを約束する」の表現。
	4 hope to talk	**hope to *do***「～することを希望する」の表現。
	5 decided to go	**decide to *do***「～することに決める」の表現。
	6 would like to	**would like to *do***「～したい」の表現。

	[解答]	[解説]
第57講 本 冊 P.**199**	**1** ②	「盗まれた」と**受動の意味**なので、**過去分詞**の②が正解。
	2 ①	「着ている」と**能動の意味**なので、**現在分詞**の①が正解。
	3 ②	「眠っている」と**能動の意味**なので、**現在分詞**の②が正解。
	4 running	「走っている」と**能動の意味**なので、**現在分詞 running** を使う。
	5 written in	「書かれている」と**受動の意味**なので、**過去分詞 written** を使う。
	6 wearing	「着ている」と**能動の意味**なので、**現在分詞 wearing** を使う。

	[解答]	[解説]
第58講 本 冊 P.**201**	**1** ②	「囲まれて」と**受動の意味**なので、**過去分詞**の②が正解。
	2 ②	「呼ばれる」と**受動の意味**なので、**過去分詞**の②が正解。
	3 ①	「あなたが待つ」と**能動の意味**なので、**現在分詞**の①が正解。
	4 checked	「歯が検査される」と**受動の意味**なので、**過去分詞**を使う。
	5 saw her looking	「彼女が見ている」と**能動の意味**なので、**現在分詞**を使う。
	6 you waiting	「あなたが待つ」と**能動の意味**なので、**現在分詞**を使う。

	[解答]	[解説]
第59講 本 冊 P.**203**	**1** ②	「警官を見る」と**能動の意味**なので、**現在分詞**の②が正解。
	2 ②	「医者になる」と**能動の意味**なので、**現在分詞**の②が正解。
	3 ①	「テレビを見る」と**能動の意味**なので、**現在分詞**の①が正解。
	4 Living	「海のそばに住む」と**能動の意味**なので、**現在分詞**を使う。
	5 Looking up	「見上げる」と**能動の意味**なので、**現在分詞**を使う。
	6 Studying hard	「一生懸命勉強する」と**能動の意味**なので、**現在分詞**を使う。

[解答]　[解説]

1 ①　**all things considered**「すべてを考慮すると」の表現。

2 ①　**generally speaking**「一般的に言うと」の表現。

3 ②　**judging from ～**「～から判断すると」の表現。

4 Frankly speaking　**frankly speaking**「率直に言うと」の表現。

5 Considering　**considering ～**「～を考慮すると」の表現。

6 Generally speaking　**generally speaking**「一般的に言うと」の表現。

[解答]　　　　　[解説]

1 ②　不定詞の主語は for ～ で表すので、②が正解。

2 ②　動名詞の主語は所有格（目的格）で表すので、②が正解。

3 ②　天候の it を主語に残すので、②が正解。

4 for us　不定詞の主語は for ～ で表す。

5 her coming　動名詞の主語を所有格（目的格）で表す。

6 It being　天候の it を主語に残す分詞構文。

[解答]　　　　　[解説]

1 ②　不定詞の否定語は **to do** の前に置く。

2 ①　動名詞の否定語は **doing** の前に置く。

3 ①　分詞構文の否定語は **doing** の前に置く。

4 not to buy　不定詞の否定語は **to do** の前に置く。

5 not smoking　動名詞の否定語は **doing** の前に置く。

6 Not knowing　分詞構文の否定語は **doing** の前に置く。

[解答]　[解説]

1 ②　is said より**以前**なので、**to have p.p.** で表す。

2 ②　am ashamed より**以前**なので、**having p.p.** で表す。

3 ①　went swimming より**以前**なので、**having p.p.** で表す。

4 to have lost　seems より**以前**なので、**to have lost** で表す。

5 having studied　is proud より**以前**なので、**having studied** で表す。

6 Having spent　couldn't buy より**以前**なので、**having p.p.** で表す。

[解答]　[解説]

1 ②　「**ほめられること**」とするので、**不定詞の受動態**の②が正解。

2 ①　「**叱られること**」とするので、**動名詞の受動態**の①が正解。

3 ②　「**地球が宇宙から見られる**」と**受動**の意味なので、**過去分詞**の②が正解。

4 be discussed　「**議論される**」と**受動**の意味なので、**to be p.p.** で表す。

5 Being loved　「**愛されること**」と**受動**の意味なので、**Being loved** にする。

6 Compared with　**compared with ~**「**~と比べると**」の表現。

[解答]　[解説]

1 ③　先行詞が The woman と**人**で、**talking to** の目的語が欠けているので、③が正解。

2 ①　先行詞が a friend と**人**で、後ろの文の主語が欠けているので、①が正解。

3 ②　先行詞が a Korean song と**人以外**なので、②が正解。

4 who　**those who ~**「**~する人々**」の表現。

5 who　先行詞が**人**で、後ろの文の主語が欠けているので、**who** を使う。

<table>
<tr><td>

第66講

P.**231**

</td><td>

［解答］　［解説］

1 ②　　my brother と wallet が**所有の関係**なので、②が正解。

2 ②　　a friend と father が**所有の関係**なので、②が正解。

3 whose　　a friend と father が**所有の関係**なので、whose を使う。

4 whose bicycle（bike）

　　　　the boy と bicycle（bike）が**所有の関係**なので、whose を使う。

</td></tr>
</table>

<table>
<tr><td>

第67講

本　冊

P.**233**

</td><td>

［解答］　　　［解説］

1 ②　　　**名詞** SV の語順で**関係代名詞の省略**なので、②が正解。

2 ①　　　**名詞** SV の語順で**関係代名詞の省略**なので、①が正解。

3 ②　　　**名詞** SV の語順で**関係代名詞の省略**なので、②が正解。

4 you are　the topic you are talking about で**関係代名詞の省略の語順**になる。

5 have been　the book I have been 〜で**関係代名詞の省略の語順**になる。

</td></tr>
</table>

<table>
<tr><td>

第68講

本　冊

P.**235**

</td><td>

［解答］　［解説］

1 ①　　「必要なもの」と**名詞節**を作り、**後ろが不完全文**なので①が正解。

2 ②　　「あなたが言っていること」と**名詞節**で、**後ろが不完全文**なので②が正解。

3 ②　　「私を驚かせたこと」と**名詞節**で、**後ろが不完全文**なので②が正解。

4 what, am　　「**現在の私**」は what I am で表す。

5 what it was　　「**昔のそれ**」は what it was で表す。

</td></tr>
</table>

第69講

本冊

P.**237**

［解答］　［解説］

1 ①　先行詞が**時**なので、①が正解。

2 ②　先行詞が**場所**なので、②が正解。

3 ③　先行詞が**理由**（**the reason**）なので、③が正解。

4 how　「**〜する方法**」は、**how SV** で表す。

5 where　先行詞が**場所**なので、**where** が正解。

第70講

本冊

P.**239**

［解答］　［解説］

1 ②　「**〜する人は誰でも**」は、②で表す。①は先行詞が必要。

2 ②　「**〜する物はどれでも**」は、②で表す。①は先行詞が必要。

3 ①　「**〜する時はいつでも**」は、①で表す。

4 wherever　「**〜する場所はどこでも**」は、**wherever** で表す。

5 Whoever　「**〜する人は誰でも**」は、**whoever** で表す。

第71講

本冊

P.**241**

［解答］　［解説］

1 ①　「**たとえ何が〜でも**」は、①で表す。

2 ②　「**たとえ誰が〜でも**」は、②で表す。

3 ②　「**たとえどれほど〜でも**」は、②で表す。

4 However late　「**たとえどれほど〜でも**」は、**however 〜**で表す。

5 Whoever　「**たとえ誰が〜でも**」は、**whoever 〜**で表す。

［解答］　［解説］

1 ① 　as ～ as ...「…と同じくらい～」で、～は形容詞・副詞の原級。

2 ① 　as old as ...「…と同じくらいの年齢だ」の表現。

3 ② 　not as ～ as ...「…ほど～ではない」の表現。

4 as tall as 　　　　　not as ～ as ...「…ほど～ではない」の表現。

5 as early as 　　　　not as ～ as ...「…ほど～ではない」の表現。

［解答］　［解説］

1 ① 　as soon as possible「できる限り早く」の表現。

2 ② 　**倍数 as ～ as ...**「…の 一 倍～」の表現。**倍数を as の前に置く。**

3 ② 　as much money as として、金額の多さを比較することに注意。

4 as soon as possible 　　　as soon as possible「できる限り早く」の表現。

5 three times as large as 　　倍数 as ～ as ...「…の 一 倍～」の表現。

第74講

P.255

［解答］　　　　　　　　　［解説］

1 ② 　　　　　　　比較級の「～より」は than で表す。

2 ② 　　　　　　　than があるので、比較級を使う。

3 ① 　　　　　　　**比較級の強調**は much を使う。

4 more slowly 　　　more slowly「もっとゆっくり」の表現。

5 better 　　　　　Which do you like better, A or B?「A と B のどちらが好きですか？」の表現。

第75講

本 冊

P.**257**

［解答］　［解説］

1 ① the 比較級 of the two「2つの中で〜なほう」の表現。

2 ② The 比較級 〜 , the 比較級 .... 「〜するほど、それだけますます…」。

3 ② The 比較級 〜 , the 比較級 .... 「〜するほど、それだけますます…」。

4 the taller　the 比較級 of the two「2つの中で〜なほう」の表現。

5 The sooner, the better　The 比較級 〜 , the 比較級 .... 「〜するほど、それだけますます…」の表現。

第76講

本 冊

P.**259**

［解答］　　　［解説］

1 ②　　　最上級は、通常 the ＋ -est で表すので②が正解。

2 ②　　　最上級は、通常 the ＋ -est で表すので②が正解。

3 ①　　　最上級の範囲は、in 〜 や of 〜 で表すので①が正解。

4 the best　最上級は、通常 the ＋ -est で表す。

5 The best, in　最上級の範囲は、in 〜 や of 〜 で表す。

第77講

本 冊

P.**261**

［解答］　［解説］

1 ①　No other 単数名詞 is as 〜 as A.「A ほど〜な 名詞 はない」。

2 ②　A 〜 than any other 単数名詞 .「A は他のどの 名詞 よりも〜」。

3 ②　Nothing is as 〜 as A.「A ほど〜なものはない」の表現。

4 Nothing, as　Nothing is as 〜 as A.「A ほど〜なものはない」。

5 any other　A 〜 than any other 単数名詞 .「A は他のどの 名詞 よりも〜」。

1.	I am a student.	1.	私は学生です。
2.	You are very tall.	2.	あなたは背がとても高い。
3.	She is very young.	3.	彼女はとても若い。
4.	I was near the station yesterday.	4.	私は昨日駅の近くにいた。
5.	He was sick in bed yesterday.	5.	彼は昨日病気で、寝ていた。
6.	You were very happy at that time.	6.	あなたはその時とても幸せだった。
7.	She played tennis yesterday.	7.	彼女は昨日、テニスをした。
8.	The car stopped in front of my house.	8.	その車は、私の家の前で止まった。
9.	I studied English when I was young.	9.	私は若いとき、英語を勉強していた。
10.	I used scissors to open the bag.	10.	私はその袋を開けるのにハサミを使った。
11.	The book suddenly dropped off the shelf.	11.	本が突然棚から落ちた。
12.	I tried to sit up in my bed.	12.	私はベッドで起き上がろうとした。
13.	I cut the cloth with a knife.	13.	私はナイフで布を切った。
14.	He became a doctor.	14.	彼は医者になった。
15.	I brought a present for her birthday party.	15.	私は彼女の誕生日パーティーに、プレゼントを持ってきた。
16.	He came home late at night.	16.	彼は夜遅くに帰宅した。
17.	I taught English when I was young.	17.	私は若い頃、英語を教えていた。
18.	I knew the truth then.	18.	私はその時、真実を知っていた。

19.	She lives in Fukuoka.	19.	彼女は福岡で暮らしている。
20.	He runs every morning.	20.	彼は毎朝走る。
21.	I read the news online every morning.	21.	私は毎朝ネットでニュースを見る。
22.	She sings very well.	22.	彼女は歌がとても上手だ。
23.	He sometimes studies English.	23.	彼はときどき英語を勉強する。
24.	You work very hard.	24.	あなたはとても熱心に仕事をする。
25.	Are you a student?	25.	あなたは学生ですか？
26.	Do you play tennis?	26.	あなたはテニスをしますか？
27.	Can you play baseball?	27.	あなたは野球ができますか？
28.	Was he angry?	28.	彼は怒っていましたか？
29.	Did you hear the news?	29.	あなたはそのニュースを聞きましたか？
30.	May I have your name?	30.	お名前を教えていただけますか？
31.	Who are you?	31.	あなたは誰ですか？
32.	When did you leave Japan?	32.	あなたはいつ日本を出発したのですか？
33.	How did you get here?	33.	あなたはどうやってここに来たのですか？
34.	What do you want to eat?	34.	あなたは何を食べたいのですか？
35.	Why is she so angry?	35.	彼女はなぜあんなに怒っているのですか？
36.	How are you?	36.	調子はどうですか？

37.	I don't know where you are from.	37.	私はあなたがどこの出身か知らない。
38.	I want to know when you are going to leave Tokyo.	38.	私はあなたがいつ東京を出発するのか知りたい。
39.	I'm interested in what you bought.	39.	あなたが何を買ったかに興味がある。
40.	Please tell me why you are angry.	40.	なぜあなたが怒っているのか教えてください。
41.	I want to know where you live.	41.	あなたがどこに住んでいるかを知りたい。
42.	I'm interested in why you are happy.	42.	あなたがなぜ幸せなのかに興味がある。
43.	I am not a student.	43.	私は学生ではない。
44.	I don't like soccer.	44.	私はサッカーが好きではない。
45.	You must not go there.	45.	あなたはそこに行ってはいけない。
46.	You are not old.	46.	あなたは年老いてはいない。
47.	He didn't like baseball.	47.	彼は野球が好きではなかった。
48.	He may not be a student.	48.	彼は学生ではないかもしれない。
49.	Be quiet.	49.	静かにしなさい。
50.	Don't be so noisy.	50.	そんなにうるさくしてはいけない。
51.	Let's study English together.	51.	一緒に英語を勉強しよう。
52.	Stop there.	52.	そこで止まりなさい。
53.	Never mind.	53.	気にするなよ。
54.	Let's listen to music.	54.	音楽を聴こう。

55.	How kind he is!	55.	彼はなんて優しいのだろう！
56.	What a beautiful scene this is!	56.	これはなんて美しい景色なんだ！
57.	How well he sings!	57.	彼はなんて歌が上手なんだろう！
58.	How fast you run!	58.	あなたはなんて足が速いのだろう！
59.	How hot it is today!	59.	今日はなんて暑いんだ！
60.	What a beautiful dress it is!	60.	それはなんてきれいなドレスなんだ！
61.	I walk in the park every day.	61.	私は毎日公園を散歩します。
62.	My hobby is taking pictures.	62.	私の趣味は写真を撮ることです。
63.	We are a family of four.	63.	私の家族は4人家族です。
64.	I bought a new car.	64.	私は新車を買いました。
65.	I am going to Hawaii next year.	65.	私は来年ハワイに行く予定です。
66.	I live in Tokyo.	66.	私は東京に住んでいる。
67.	I run in the park every morning.	67.	私は毎朝公園を走る。
68.	I talked to his friend at the party.	68.	私はそのパーティで、彼の友人と話をした。
69.	I lived in Osaka a few years ago.	69.	私は数年前、大阪に住んでいた。
70.	I walk to my office every day.	70.	私は毎日職場まで歩いて行く。
71.	I talked to him at the party yesterday.	71.	私は昨日のパーティーで彼と話をした。

72.	There is a store on the corner.	72.	その角に一軒のお店がある。
73.	There are many chairs in this room.	73.	この部屋にはたくさんの椅子がある。
74.	There is a dog at the door.	74.	ドアのところに犬がいる。
75.	There is a book on the desk.	75.	机の上に1冊の本がある。
76.	There are many people in the room.	76.	その部屋には多くの人がいる。
77.	I am in the station.	77.	私は駅の中にいる。
78.	My mother looks very young.	78.	私の母はとても若く見える。
79.	He will probably become a doctor in the future.	79.	彼は将来医者になるだろう。
80.	You should stay calm.	80.	あなたは落ち着いているべきだ。
81.	He looks very old.	81.	彼はとても老けて見える。
82.	He became an English teacher.	82.	彼は英語の教師になった。
83.	I kept silent for a long time.	83.	私はずっと黙ったままだった。
84.	We discussed the problem.	84.	私たちはその問題を話し合った。
85.	I married her last year.	85.	私は彼女と昨年結婚した。
86.	He resembles his father.	86.	彼は父親と似ている。
87.	Why don't we discuss this problem?	87.	この問題を話し合いませんか？
88.	He married my friend.	88.	彼は私の友達と結婚した。
89.	He resembles his brother very much.	89.	彼は彼の兄ととても似ている。

90.	The teacher gave her ten minutes.	90.	その先生は彼女に10分与えた。
91.	He told us jokes.	91.	彼は私たちに冗談を言った。
92.	My father lent me his car.	92.	私の父は私に車を貸してくれた。
93.	I am going to give my children some presents tomorrow.	93.	私は明日、子どもたちにプレゼントをあげるつもりだ。
94.	I told him the story yesterday.	94.	私は昨日、彼にその話を伝えた。
95.	I lent her the book.	95.	私は彼女にその本を貸してあげた。
96.	I found the movie interesting.	96.	私はその映画が面白いとわかった。
97.	The news made her happy.	97.	その知らせは彼女を幸せにした。
98.	He named his daughter Sarah.	98.	彼は自分の娘をサラと名付けた。
99.	I found him a good person.	99.	私は彼がいい人だとわかった。
100.	The song makes me happy.	100.	その曲は私を幸せにしてくれる。
101.	My friends call me Ken.	101.	私の友達は、私をケンと呼ぶ。
102.	I always walk to school.	102.	私はいつも学校まで歩いている。
103.	I am an office worker.	103.	私は会社員です。
104.	He likes driving a car.	104.	彼は車を運転するのが好きだ。
105.	I go to the gym every Saturday.	105.	私は毎週土曜日にジムに行く。
106.	I read the news on my cell phone every morning.	106.	私は毎朝、携帯電話でニュースを読む。
107.	I work for an advertising company.	107.	私は広告代理店で働いている。

108.	I had an accident yesterday.	108.	私は昨日、事故にあった。
109.	He painted the wall five days ago.	109.	彼は5日前にその壁を塗った。
110.	I played baseball every day when I was in high school.	110.	高校生の頃、毎日野球をしていた。
111.	I was absent from school yesterday.	111.	私は昨日、学校を休んだ。
112.	I left for Australia three days ago.	112.	私は3日前に、オーストラリアに出発した。
113.	I turned thirty-five years old last month.	113.	先月、私は35歳になった。
114.	She will come here tomorrow.	114.	彼女は明日、ここに来るだろう。
115.	I will be 30 years old next year.	115.	私は来年30歳になる。
116.	I am going to graduate from college this year.	116.	私は今年、大学を卒業する予定だ。
117.	Will you be free tomorrow?	117.	あなたは明日暇ですか？
118.	I am going to study abroad next fall.	118.	私は来年の秋に、留学する予定だ。
119.	I will probably be busy this afternoon.	119.	私は今日の午後はたぶん忙しいでしょう。
120.	I have lived here for five years.	120.	私は5年間ここに住んでいる。
121.	He has been ill in bed for the whole week.	121.	彼はここ1週間病気で寝ている。
122.	We have known each other since we were college students.	122.	私たちは大学生の頃からお互いを知っている。
123.	I have lived in Tokyo since 2016.	123.	私は2016年から東京で暮らしている。
124.	I have known him since I was a high school student.	124.	私は高校生の頃から彼を知っている。
125.	How long have you lived here?	125.	あなたはどのくらいここに住んでいますか？

126.	I have never read the book.	126.	私はその本を一度も読んだことがない。
127.	Have you ever been to South Korea?	127.	あなたは今までに韓国に行ったことがありますか？
128.	I have never met him before.	128.	私は以前に彼に会ったことがない。
129.	I have never seen such a beautiful scene.	129.	私はそのような美しい景色を一度も見たことがない。
130.	Have you ever been to Hawaii?	130.	あなたは今までにハワイに行ったことがありますか？
131.	I have been to that country twice.	131.	私はその国を2回訪れたことがある。
132.	He has just returned from America.	132.	彼はちょうどアメリカから戻ってきたところだ。
133.	Have you done your homework yet?	133.	あなたは宿題をもう終えましたか？
134.	He has gone to Hokkaido.	134.	彼は北海道に行ってしまった（今ここにいない）。
135.	I have just eaten dinner.	135.	私はちょうど夕食を食べたところだ。
136.	Have you read the book yet?	136.	あなたはもうその本を読みましたか？
137.	Ken is not here. He has gone to Fukuoka.	137.	ケンはここにはいない。彼は福岡に行ってしまった。
138.	I lost my wallet that my mother had bought for me.	138.	私は、母が買ってくれた財布をなくしてしまった。
139.	I had been watching television for two hours when he came back.	139.	彼が戻ってきたとき、私は2時間テレビを見ていた。
140.	I had never seen a lion before I was twenty years old.	140.	私は20歳になるまで、ライオンを見たことがなかった。
141.	The present had been opened when I saw it.	141.	そのプレゼントは、私が見たとき、開けられていた。
142.	The party had already finished when he arrived.	142.	彼が着いたとき、そのパーティーはすでに終わっていた。
143.	I had never eaten sushi before I came to Japan.	143.	私は日本に来るまで、寿司を食べたことがなかった。

144.	I will have lived in Tokyo for five years next April.	144.	私は次の4月で、東京に5年間住んでいることになる。
145.	I will have climbed Mt. Fuji twice if I climb it again.	145.	私は富士山に再び登るなら、2回目になる。
146.	I will have written the report by tomorrow.	146.	私は明日までにその報告書を書き終えているだろう。
147.	I will have lived in America for ten years next month.	147.	私は来月で、アメリカに住んで10年になる。
148.	I will have visited Thailand twice if I go there again.	148.	もう一度行くと、私はタイに2度訪問したことになる。
149.	I will have solved the problem by tomorrow.	149.	明日までには、その問題を解決しているだろう。
150.	He is taking a walk in the park now.	150.	彼は今、公園を散歩している最中だ。
151.	I was having dinner when you called me.	151.	あなたが電話してきたとき、私は夕食を食べている最中だった。
152.	I will be waiting for you at three o'clock tomorrow.	152.	私は明日の3時にあなたをお待ちしています。
153.	I am eating dinner with my family now.	153.	私は今、家族と夕食を食べているところです。
154.	I was taking a bath when you called me.	154.	私はあなたが電話してきたとき、お風呂に入っているところだった。
155.	I will be traveling around Europe with my friend this time next year.	155.	私は来年のこの時期は、友人とヨーロッパを旅しているだろう。
156.	He must be over thirty.	156.	彼は30歳を超えているに違いない。
157.	You should be more careful.	157.	あなたはもっと注意深くなるべきだ。
158.	You can smoke here.	158.	ここでたばこを吸ってもいいよ。
159.	You must keep your room clean.	159.	あなたは部屋をきれいにしておかなければならない。
160.	Anyone can make a mistake.	160.	誰でもミスをすることはありうる。
161.	She should arrive here in two hours.	161.	彼女は2時間後にここに到着するはずだ。

162. You may go abroad alone. | 162. あなたは1人で海外に行ってもよい。

163. I might have a cold. | 163. 私は風邪かもしれない。

164. He cannot be over thirty. | 164. 彼は30歳を超えているはずがない。

165. I may be late for that meeting. | 165. 私はその会議に遅れるかもしれない。

166. It may rain this afternoon. | 166. 今日の午後、雨が降るかもしれない。

167. He cannot be tired. | 167. 彼は疲れているはずがない。

168. I had to wait for a long time. | 168. 私は長い間待たなければならなかった。

169. You ought to give up the ideas. | 169. あなたはその考えを捨てるべきだ。

170. I will be able to help you. | 170. 私はあなたを助けてあげられるよ。

171. You have to take off your hat in the restaurant. | 171. あなたはそのレストランでは、帽子を脱がなければならない。

172. You ought to help your family. | 172. あなたは自分の家族を助けるべきだ。

173. He was able to win the prize. | 173. 彼はその賞を取ることができた。

174. You may well say that. | 174. あなたがそう言うのももっともだ。

175. You might as well throw your money away as buy such a thing. | 175. そんな物を買うのはお金を捨てるようなものだ。

176. I would rather stay home than go out. | 176. 私は外出するよりむしろ家にいたい。

177. She may well be tired after the exam. | 177. 彼女は試験の後で、たぶん疲れているのだろう。

178. You might as well talk to the wall as talk to him. | 178. 彼に話すのは、壁に話しかけているようなものだ。

179. I would rather go than stay here. | 179. 私はここに残るよりもむしろ出かけたい。

180.	You didn't have to buy this book.	180.	あなたはこの本を買わなくてもよかった。
181.	You ought not to drink so much.	181.	あなたはそんなにお酒を飲むべきではない。
182.	They will not listen to me.	182.	彼らは私の話を聞こうとしない。
183.	You must not go there alone.	183.	あなたはそこに1人で行ってはいけない。
184.	You had better not work there.	184.	あなたはそこで働かないほうがよい。
185.	I am pushing the door hard, but it will not open.	185.	ドアを強く押しているが、どうしても開かない。
186.	Shall I open the window?	186.	（私が）窓を開けましょうか？
187.	May I help you?	187.	お手伝いしましょうか？
188.	Will you marry me?	188.	僕と結婚してくれますか？
189.	Shall we dance?	189.	一緒に踊りませんか？
190.	May I have your name?	190.	お名前を教えていただけますか？
191.	Will you please come to the party?	191.	（あなたは）パーティーに来ていただけますか？
192.	She may have left the office.	192.	彼女はオフィスを出たかもしれない。
193.	He must have been drunk then.	193.	彼はその時、酔っぱらっていたに違いない。
194.	He cannot have been sick in bed.	194.	彼は病気で寝ていたはずがない。
195.	I may have left my mobile phone on the train.	195.	私は携帯電話を電車に忘れてきたかもしれない。
196.	She must have been sick yesterday.	196.	彼女は昨日、具合が悪かったに違いない。
197.	He cannot have been in the office.	197.	彼は会社にいたはずがない。

198. He should have gone to Hawaii.　198. 彼はハワイに行くべきだったのに。

199. You should not have said such a thing to her.　199. あなたは彼女にそんなことを言うべきではなかったのに。

200. You need not have done the work.　200. あなたはその仕事をする必要はなかったのに。

201. You should have come to my house.　201. あなたはうちに来るべきだったのに。

202. You should not have taken him there.　202. あなたは彼をそこへ連れて行くべきではなかったのに。

203. You need not have gone there.　203. あなたはそこに行く必要はなかったのに。

204. If she were here, I would be happier.　204. もし彼女がここにいれば、私はもっと幸せだろうに。

205. If I were you, I would never go there.　205. もし私があなたなら、そこには行かないよ。

206. If I had known his story, I would not have said such a thing.　206. もし私が彼の話を知っていたなら、そんなことを言わなかったのに。

207. If I were you, I would wait for her.　207. もし私があなたなら、彼女のことを待つのに。

208. I would not act that way if I were in Japan.　208. 私が日本にいるなら、そんなふうには振る舞わないよ。

209. If I had been with my family, I would not have done such a thing.　209. 家族と一緒にいたなら、そんなことをしなかったのに。

210. If you had married him at that time, you would be happier now.　210. もしあなたがあの時彼と結婚していたら、今頃もっと幸せだろうに。

211. If I had taken his advice then, I would never go there now.　211. もし私がその時彼のアドバイスを聞いていたら、今絶対にそこに行かないだろうに。

212. If I had stopped smoking then, I would be healthier now.　212. 私はあの時たばこをやめていたら、今頃もっと健康だろうに。

213. If you had not lied to her, she wouldn't be angry now.　213. もしあなたが彼女に嘘を言っていなかったら、彼女は今頃怒っていなかったろうに。

214. If I had taken your advice yesterday, I would be happier now.　214. もし私が昨日あなたの言うことを聞いていたら、今頃もっと幸せだろうに。

215.	If anything should happen while I'm out, please let me know.	215.	私の留守中に、万が一何かが起きたら、私に知らせてください。
216.	If the sun were to disappear tomorrow, what would happen to the world?	216.	もし太陽が明日なくなったら、世界はどうなるだろうか？
217.	If she should come, tell her to call me.	217.	万が一彼女が来たら、私に電話をするように言っておいて。
218.	If anyone should call me, tell them I'm out.	218.	万が一誰かが電話してきても、私は外出中だと伝えてください。
219.	If war were to break out, what would you do?	219.	仮に戦争が起きたら、どうしますか？
220.	If it were not for my cell phone, I could not live.	220.	携帯電話がなければ、私は生きていけないよ。
221.	If it had not been for your advice, I could not have succeeded.	221.	あなたの助言がなかったら、私は成功できなかっただろうに。
222.	Without your help, I could not have finished the task.	222.	あなたの助けがなかったら、私はその仕事を終えられなかった。
223.	We wouldn't have succeeded but for your help.	223.	あなたの助けがなかったら、私たちはうまくいかなかっただろう。
224.	If it were not for water, we could not live.	224.	水がなければ、私たちは生きていけないだろう。
225.	I wish I knew his phone number.	225.	彼の電話番号を知っていればなあ。
226.	I hope you like this.	226.	これを気に入ってくれるといいなあ。
227.	I wish I had bought the ticket.	227.	そのチケットを買っていたらなあ。
228.	I wish I had a million yen.	228.	100万円あったらなあ。
229.	I wish I had had more money at that time.	229.	その時もっとお金があったらなあ。

音声付き例文集

第40講 ～ 第42講

和⇒英
No.14

英⇒和
No.40

230. He talks as if he knew everything.

230. 彼は、まるでなんでも知っているかのように話す。

231. She talks as if she were a child.

231. 彼女はまるで自分が子どもであるかのように話す。

232. She talked about Paris as though she had been there.

232. 彼女はパリに行ったことがあるかのように話をした。

233. He talks as though he had heard about it.

233. 彼はまるでそのことについて聞いたことがあるかのような口ぶりだ。

234. He looked as if he had seen a ghost.

234. 彼はまるで幽霊を見たかのような表情だった。

235. It is about time you took a bath.

235. そろそろお風呂に入る時間だよ。

236. It is high time you went home.

236. とっくに家に帰る時間だ。

237. It is time you left home.

237. 家を出る時間だよ。

238. It is time we decided what to do next.

238. 私たちは次に何をすべきかを決める時期だ。

239. It is time you went to bed.

239. あなたはもう寝る時間だよ。

240. This window was broken yesterday.

240. この窓は、昨日割られた。

241. Beautiful flowers are sold at that store.

241. きれいな花があの店で売られている。

242. The store is closed on Saturdays.

242. その店は、土曜日は休みだ。

243. When was the book written?

243. その本は、いつ書かれましたか？

244. English is often used in international business.

244. 国際ビジネスの場では、英語がよく使用される。

245. This picture was taken by my father.

245. この写真は、私の父が撮った。

246.	This ring was given to me by my wife.	246.	この指輪は、私の妻からもらった。
247.	This type of flower is called a rose.	247.	この種の花はバラと呼ばれている。
248.	I was kept awake all night by noise.	248.	騒音のせいで、私は一晩中眠れなかった。
249.	He was offered a good job.	249.	彼は良い仕事をオファーされた。
250.	I was given a nice present by my student.	250.	私は生徒から素敵なプレゼントをもらった。
251.	The window is always left open.	251.	その窓は、いつも開けっ放しだ。
252.	The work must be finished by six.	252.	その仕事を6時までに終わらせなければならない。
253.	The building is being built.	253.	その建物は、建設されている最中だ。
254.	My PC has been repaired.	254.	私のパソコンは修理された。
255.	This work can be finished in an hour.	255.	この仕事は1時間で終えることができる。
256.	The bridge is being built now.	256.	その橋は、現在建築されている最中だ。
257.	My car has already been repaired.	257.	私の車は、もうすでに修理されている。
258.	I was spoken to by a foreigner.	258.	私は外国の人に話しかけられた。
259.	She was laughed at by everybody.	259.	彼女はみんなに笑われた。
260.	My dog is taken care of by the man.	260.	私の犬は、その男性に世話をしてもらっている。
261.	My baby is taken care of by my mother.	261.	私の赤ん坊は母が面倒を見ている。
262.	I was laughed at by everybody in the class.	262.	私はクラスのみんなに笑われた。
263.	I was spoken to by a stranger.	263.	私は知らない人に話しかけられた。

264.	The singer is known to people all over the world.	264.	その歌手は世界中の人に知られている。
265.	The garden is covered with flowers.	265.	その庭は花で覆われている。
266.	Many people were killed in the accident.	266.	多くの人が、その事故で亡くなった。
267.	Many people were killed in the war.	267.	多くの人がその戦争で亡くなった。
268.	My car was covered with snow.	268.	私の車は雪で覆われていた。
269.	The man is known to the police.	269.	その男性は、警察に知られている。
270.	I like to read books.	270.	私は読書が好きだ。
271.	The best way is to make efforts.	271.	最善の方法は努力することだ。
272.	It is important to tell the truth.	272.	真実を伝えることが重要だ。
273.	I want to know his name.	273.	私は彼の名前を知りたい。
274.	My dream is to play soccer with my son.	274.	私の夢は息子とサッカーをすることだ。
275.	I want something to drink.	275.	私は飲み物がほしい。
276.	Do you have anything to say about this?	276.	あなたはこのことについて言うことがありますか？
277.	I made a decision to tell her the truth.	277.	私は彼女に真実を言う決意をした。
278.	The best way to learn a foreign language is through constant practice.	278.	外国語を学ぶ最善の方法は、絶えず練習することです。
279.	He was the first person to arrive.	279.	彼が最初に到着した人だった。

280.	I was very glad to hear the news.	280. 私はその知らせを聞いてとてもうれしかった。
281.	He went to America to study English.	281. 彼は英語を学ぶために、アメリカへ行った。
282.	We often go to the pool to swim in summer.	282. 私たちは、泳ぐために、夏によくプールに行く。
283.	He ran to the station to be in time for school.	283. 学校に間に合うように、彼は駅まで走った。
284.	I was careless to leave my wallet on the train.	284. 電車に財布を忘れるなんて、私は不注意だった。
285.	He grew up to be a great athlete.	285. 彼は成長して偉大なアスリートになった。
286.	He lived to be eighty.	286. 彼は80歳まで生きた。
287.	He studied hard, only to fail the exam.	287. 彼は一生懸命勉強したが、試験で失敗してしまった。
288.	She lived to be ninety.	288. 彼女は90歳まで生きた。
289.	He left his country, never to return.	289. 彼は国を離れて、二度と戻らなかった。
290.	She grew up to be a famous singer.	290. 彼女は成長して、有名な歌手になった。
291.	I went home in order to change my clothes.	291. 私は着替えるために家に帰った。
292.	I took a taxi so as to be in time for the meeting.	292. 私は会議に間に合うように、タクシーに乗った。
293.	He studied hard in order to pass the exam.	293. 彼は試験に合格するために、一生懸命勉強した。
294.	I ran so as not to miss the train.	294. 私は、その電車に乗り遅れないように走った。
295.	We need food in order to live.	295. 私たちは、生きていくために食料を必要としている。
296.	I got up early in order not to be late for school.	296. 私は学校に遅れないように早起きした。

297.	My mother didn't let me go.	297.	母は私を行かせてくれなかった。
298.	My boss made me go there.	298.	上司は私をそこに行かせた。
299.	He had his secretary write a letter.	299.	彼は秘書に手紙を書いてもらった。
300.	You should have a repairman look at this car.	300.	あなたは修理工にこの車を見てもらうべきだ。
301.	This medicine will make you feel better.	301.	この薬を飲めば気分がよくなるでしょう。
302.	My father let me drive his car.	302.	私の父は、私が父の車を運転するのを許してくれた。
303.	I saw my mother enter the house.	303.	私は母が家に入るのを目撃した。
304.	I heard someone call my name.	304.	私は誰かが私の名前を呼ぶのが聞こえた。
305.	Did you feel the house shake?	305.	家が揺れるのを感じましたか？
306.	I heard her go out of the house.	306.	彼女が家から出ていくのが聞こえた。
307.	Mary saw her mother enter the neighbor's house.	307.	メアリーは、母親が隣の家に入るのを見た。
308.	I heard my father call my name.	308.	私は、父親が私の名前を呼ぶのが聞こえた。
309.	Playing video games is fun.	309.	テレビゲームをすることは楽しい。
310.	I like playing video games.	310.	私はテレビゲームをすることが好きだ。
311.	My hobby is watching soccer games.	311.	私の趣味はサッカーの試合を見ることだ。
312.	I like listening to music.	312.	私は音楽を聴くのが好きだ。
313.	My hobby is swimming.	313.	私の趣味は泳ぐことです。
314.	I gave up smoking.	314.	私はたばこを吸うのをやめた。

315. I am good at playing soccer.　　315. 私はサッカーが得意だ。

316. He is interested in becoming a teacher.　　316. 彼は教師になることに興味がある。

317. My hobby is taking pictures.　　317. 私の趣味は写真を撮ることだ。

318. My dream is to be a lawyer.　　318. 私の夢は、弁護士になることだ。

319. I am good at singing.　　319. 私は歌うのが得意だ。

320. My dream is to run a company.　　320. 私の夢は、会社を経営することだ。

321. I remember meeting you at the party.　　321. 私はパーティーであなたに会ったことを覚えている。

322. Don't forget to return my car to me.　　322. 私に車を返すのを忘れないで。

323. Please remember to take a change of clothing.　　323. 着替えを持ってくるのを覚えておいてください。

324. I'll never forget visiting America last year.　　324. 私は昨年アメリカを訪れたことを決して忘れないでしょう。

325. I remember meeting you there.　　325. そこであなたに出会ったことを覚えているよ。

326. I will never forget studying at that school.　　326. 私はあの学校で学んだことを決して忘れないでしょう。

327. He gave up drinking last year.　　327. 彼は昨年、お酒を飲むのをやめた。

328. I enjoy reading books every day.　　328. 私は毎日、本を読んで楽しむ。

329. Would you mind opening the window?　　329. 窓を開けてもらえますか（＝窓を開けるのを気にしますか）？

330. I finished reading the report last night.　　330. 私は昨晩、その報告書を読み終えた。

331. I avoid walking alone at night.　　331. 私は夜に1人で歩くのを避けている。

332. I enjoyed singing at the party last night.　　332. 私は昨晩のパーティーで歌って楽しんだ。

333.	She decided to go abroad alone.	333.	彼女は1人で海外に行くことに決めた。
334.	He refused to talk with her.	334.	彼は彼女と話すことを拒んだ。
335.	I promise to visit your town someday.	335.	私はいつかあなたの町を訪れることを約束する。
336.	I hope to talk with you at the next meeting.	336.	私は次の会議であなたと話すことを希望します。
337.	I decided to go in the car.	337.	私は車で行くことに決めた。
338.	I would like to express my appreciation to you.	338.	私はあなたに感謝の気持ちを表したい。
339.	a stolen wallet	339.	盗まれた財布
340.	a boy wearing a blue shirt	340.	ブルーのシャツを着ている少年
341.	a woman sleeping in a bed	341.	ベッドで眠っている女性
342.	a boy running in the park	342.	公園で走っている少年
343.	I bought a book written in English.	343.	私は英語で書かれている本を買った。
344.	Who is the woman wearing a red dress?	344.	赤いドレスを着ている女性は誰ですか？
345.	He sat surrounded by his children.	345.	彼は自分の子どもに囲まれて座っていた。
346.	I heard my name called in the classroom.	346.	私は教室で自分の名前が呼ばれるのを聞いた。
347.	I'm sorry to have kept you waiting.	347.	（あなたを）ずっと待たせてごめんなさい。
348.	I had my teeth checked by the dentist.	348.	私は歯医者に歯を検査してもらった。
349.	I saw her looking at me.	349.	私は彼女が自分を見ているのが見えた。
350.	Did I keep you waiting long?	350.	長くお待たせしましたか？

351.	Seeing the policeman, he ran away.	351.	警官を見ると、彼は逃げ出した。
352.	He studied hard, becoming a doctor.	352.	彼は一生懸命勉強して、医者になった。
353.	I talked with my family, watching TV on the sofa.	353.	私はソファでテレビを見ながら、家族と話をした。
354.	Living by the sea, I went swimming every day.	354.	海のそばに住んでいたので、毎日泳ぎに行っていた。
355.	Looking up, I saw a bird flying in the sky.	355.	見上げると、空を鳥が飛んでいた。
356.	Studying hard, you'll pass the exam.	356.	一生懸命勉強すると、あなたは試験に合格するよ。
357.	All things considered, she is a good student.	357.	すべてを考慮すると、彼女は良い生徒だ。
358.	Generally speaking, men are stronger than women.	358.	一般的に言うと、男性は女性よりも体が強い。
359.	Judging from the look of the sky, it may rain tomorrow.	359.	空模様から判断すると、明日は雨かもしれない。
360.	Frankly speaking, I cannot agree with you.	360.	率直に言うと、あなたには賛成できない。
361.	Considering her age, she is healthy.	361.	年齢を考慮すると、彼女は健康だ。
362.	Generally speaking, it is very humid in Japan.	362.	一般的に言うと、日本は湿度がとても高い。
363.	It is dangerous for children to swim in this river.	363.	子どもたちがこの川で泳ぐのは危険だ。
364.	My mother doesn't like my going there alone.	364.	母は、私が1人でそこへ行くことを好まない。
365.	It being very cold, she had a cup of hot tea.	365.	とても寒かったので、彼女は1杯の温かいお茶を飲んだ。
366.	It is necessary for us to finish the work.	366.	私たちがその仕事を終えることが必要だ。
367.	He insisted on her coming with him.	367.	彼は、彼女が自分と一緒に来るべきだと主張した。
368.	It being rainy, I canceled the plan.	368.	雨が降っていたので、私はその計画を中止した。

369.	I decided not to go there.	369.	私はそこに行かないことに決めた。
370.	He was frustrated at not finding a job.	370.	彼は、仕事が見つからないことにイライラしていた。
371.	Not knowing what to do, I was at a loss.	371.	どうすべきかわからなかったので、私は途方に暮れていた。
372.	I decided not to buy the book.	372.	私はその本を買わないことに決めた。
373.	Would you mind not smoking in this room?	373.	この部屋でたばこを吸わないでいただけますか？
374.	Not knowing what to say, I kept silent.	374.	何を言うべきかわからなかったので、私は黙っていた。
375.	She is said to have been beautiful when she was young.	375.	彼女は若い頃、美しかったと言われている。
376.	I'm ashamed of having been lazy at school.	376.	私は学校で怠けていたことを恥ずかしく思っている。
377.	Having finished his homework, he went swimming.	377.	宿題を終えた後、彼は泳ぎに行った。
378.	He seems to have lost all his money.	378.	彼はお金を全部なくしてしまったようだ。
379.	She is proud of having studied hard when she was young.	379.	彼女は、若い頃に一生懸命勉強したことを誇りに思っている。
380.	Having spent all my money, I couldn't buy the book.	380.	すべてのお金を使っていたので、私はその本を買えなかった。
381.	I like to be praised by my father.	381.	私は父にほめられるのが好きだ。
382.	I don't like being scolded.	382.	私は叱られるのが好きではない。
383.	Seen from space, the earth looks round.	383.	宇宙から見ると、地球は丸く見える。
384.	The topic to be discussed at this meeting is difficult.	384.	この会議で議論されている話題は難しい。
385.	Being loved by someone gives you strength.	385.	人に愛されることは、力を与えてくれる。
386.	Compared with Tom, Mike is a little more careful.	386.	トムと比べると、マイクはもう少し注意深い。

| 387. | The woman whom he is talking to is my mother. | 387. | 彼が話している女性は私の母親です。 |

| 388. | I have a friend who is a famous violinist. | 388. | 私には、有名なヴァイオリニストの友人がいます。 |

| 389. | This is a Korean song which I like very much. | 389. | これは、私が大好きな韓国の曲です。 |

| 390. | Heaven helps those who help themselves. | 390. | 天は自ら助くるものを助く。 |

| 391. | The people who work in my company are very friendly. | 391. | 私の会社で働いている人は、とてもフレンドリーです。 |

| 392. | My brother whose wallet was stolen was very angry. | 392. | 財布を盗まれた兄は、とても怒っていた。 |

| 393. | I have a friend whose father is a lawyer. | 393. | 私には、父親が弁護士の友人がいる。 |

| 394. | I have a friend whose father is a pilot. | 394. | 私には、父親がパイロットの友人がいる。 |

| 395. | The boy whose bicycle was stolen was very angry. | 395. | 自転車を盗まれた少年は、とても怒っていた。 |

| 396. | This is the movie I like best. | 396. | これは私が一番好きな映画だ。 |

| 397. | This is the man I was talking about. | 397. | こちらが、私が話していた人です。 |

| 398. | The book I am reading now is very interesting. | 398. | 私が今読んでいる本は、とても面白い。 |

| 399. | I don't know the topic you are talking about. | 399. | 私はあなたが話している話題を知らない。 |

| 400. | This is the book I have been looking for. | 400. | これは私がずっと探していた本です。 |

401.	Your help is what is necessary.	401.	君の助けが必要なものだ。
402.	I don't understand what you are talking about.	402.	あなたが言っていることがわからない。
403.	What surprised me is that you are married.	403.	私を驚かせたことは、あなたが結婚しているということだ。
404.	You have made me what I am.	404.	あなたのおかげで、現在の私がある。
405.	Tokyo is now different from what it was.	405.	今の東京は、昔の東京と違う。
406.	He knows the day when there was no television.	406.	彼は、テレビのなかった時代を知っている。
407.	This is the building where I work.	407.	ここは私が働いているビルです。
408.	I don't know the reason why you are saying such things.	408.	あなたがそんなことを言う理由が私にはわからない。
409.	Computers have changed how we live.	409.	コンピューターは、私たちの生活する方法を変えた。
410.	This is the park where I often go on my days off.	410.	ここは、私がよく休日に行く公園です。
411.	You may give this ticket to whoever wants it.	411.	このチケットがほしい人は誰にでもあげていいよ。
412.	You can take whichever you like.	412.	あなたが好きな物はどれでも取っていいよ。
413.	Please contact me whenever you come to Tokyo.	413.	東京に来た時はいつでも言ってください。
414.	I'll take you wherever you want to go.	414.	あなたが行きたい場所はどこにでも連れて行くよ。
415.	Whoever visits that park will love it.	415.	その公園を訪れる人は誰でも、そこを大好きになるだろう。

416.	Whatever happens, I must go home by nine o'clock.	416.	たとえ何が起きても、私は9時までに家に帰らなければならない。
417.	Whoever may say that, I don't believe the story.	417.	たとえ誰がそれを言っても、私はその話を信じない。
418.	However hard it may be, you have to do your best.	418.	たとえどれほどそれが困難でも、あなたは最善を尽くさなければならない。
419.	However late you may be, please give me a call.	419.	たとえどれほどあなたが遅くなっても、私に電話をください。
420.	Whoever knocks on the door, don't open it.	420.	たとえ誰がノックしても、ドアを開けてはいけない。
421.	I am as tall as my brother.	421.	私は兄と同じくらいの身長だ。
422.	My father is as old as my mother.	422.	私の父は、母と同じ年齢だ。
423.	This winter is not as cold as last year.	423.	今年の冬は去年ほど寒くはない。
424.	I am not as tall as my brother.	424.	私は兄ほど背が高くない。
425.	I don't get up as early as my father.	425.	私は父ほど早起きではない。
426.	I will return to the hotel as soon as possible.	426.	できる限り早くホテルに戻ってきます。
427.	I have twice as many books as Tom has.	427.	私はトムの2倍の本を持っている。
428.	I have half as much money as you have.	428.	私はあなたの半分しかお金を持っていない。
429.	Please reply to this e-mail as soon as possible.	429.	できる限り早くこのメールに返信してください。
430.	This country is three times as large as that one.	430.	この国は、その国の3倍の大きさだ。

431.	My father gets up earlier than I do.	431.	私の父は私より早起きだ。
432.	I like Japanese food better than American food.	432.	私はアメリカの食べ物より日本食が好きだ。
433.	My brother is much more intelligent than I am.	433.	私の弟は、私よりずっと頭が良い。
434.	Please speak more slowly.	434.	もっとゆっくり話してください。
435.	Which do you like better, soccer or baseball?	435.	サッカーと野球のどちらが好きですか?
436.	She is the taller of the two.	436.	彼女は2人の中で背が高いほうだ。
437.	The older you are, the wiser you become.	437.	年をとればとるほど、それだけますます賢くなる。
438.	The higher we climb, the colder it becomes.	438.	高く登れば登るほど、それだけ寒くなる。
439.	My sister is the taller of the two.	439.	私の姉は2人の中で背が高いほうだ。
440.	The sooner you do it, the better it will be.	440.	早くやればやるほど、それだけ良いだろう。
441.	Mt. Fuji is the highest mountain in Japan.	441.	富士山は日本で一番高い山です。
442.	I am the tallest in my family.	442.	私は家族の中で一番背が高い。
443.	My family is the most important thing of all.	443.	私の家族があらゆるものの中で一番大切だ。
444.	I like soccer the best of all sports.	444.	私はスポーツの中でサッカーが一番好きだ。
445.	The best time in my life is now.	445.	人生で最高の時は今だ。
446.	No other mountain in Japan is as high as Mt. Fuji.	446.	富士山ほど高い山は日本にはない。
447.	Mt. Fuji is higher than any other mountain in Japan.	447.	富士山は日本の他のどの山よりも高い。
448.	Nothing is as precious as time.	448.	時間ほど貴重なものはない。
449.	Nothing is as precious as my family.	449.	私の家族ほど大切なものはない。
450.	He runs faster than any other boy in his class.	450.	彼はクラスの他のどの少年よりも足が速い。